随毛主席转战陕北

随毛主席第一次出访苏联

随毛主席重上井冈山

WANG DONGXING'S DIARY

汪东兴 著

汪东兴日记

当代中国出版社
Contemporary China Publishing House

图书在版编目(CIP)数据

汪东兴日记/汪东兴著.—北京：当代中国出版社，2010.5（2024.8重印）
ISBN 978-7-80170-907-3

Ⅰ.①汪… Ⅱ.①汪… Ⅲ.①汪东兴—日记②毛泽东(1893~1976)—生平事迹 Ⅳ.①K827=7②A752

中国版本图书馆 CIP 数据核字（2010）第 077184 号

出 版 人	王　茵
责任编辑	姜楷杰
责任校对	王小芸
装帧设计	古　手
出版发行	当代中国出版社
地　　址	北京市地安门西大街旌勇里 8 号
网　　址	http://www.ddzg.net
邮政编码	100009
编辑部	（010）66572264
市场部	（010）66572281　66572157
印　　刷	北京润田金辉印刷有限公司
开　　本	680 毫米×1020 毫米　1/16
印　　张	12.25 印张　插图 37 幅　96 千字
版　　次	2010 年 6 月第 1 版
印　　次	2024 年 8 月第 9 次印刷
定　　价	60.00 元

版权所有，翻版必究；如有印装质量问题，请拨打（010）66572159 转出版部。

汪东兴近照

目录
CONTENTS

前 言 / 1

再版前言 / 1

随毛主席转战陕北 / 1

随毛主席第一次出访苏联 / 113

随毛主席重上井冈山 / 165

后 记 / 187

再版后记 / 188

前 言

有些同志曾经劝过我，要我写点东西，我一直没有动笔。

现在的这本《汪东兴日记》，原本也并不是一本书。它不过是我不同时期根据自己所担负的工作的需要，从做好工作和学习的角度出发，随时随地记录下来的几段日记。

这本日记的内容包括三个时期：

《随毛主席转战陕北》（一九四七年三月至一九四八年三月），这段日记如实记录了一九四七年蒋介石派胡宗南进攻陕甘宁边区，毛泽东主席、周恩来副主席和任弼时同志率领中央前委机关撤离延安后，在陕北四十几个村庄工作、生活、行军的经过，以及在与敌人周旋的同时，指挥全国各个战场的解放军由战略防御转入战略反攻的三百六十八个日日夜夜。

《随毛主席第一次出访苏联》（一九四九年十二月至一九五〇年三月），这次出访是新中国成立后党和国家最高领导人最重要的外事活动之一，我有幸随毛泽东主席一起出访。在这段时间里毛主席坚决勇敢地维护全中国人民的利益，与第一个社会主义国家——苏联签订了平等的《中苏友好同盟互助条约》，为新中国在国际舞台上树立了自己应有的形象。

《随毛主席重上井冈山》（一九六五年五月二十一日至五月三十日），这段日记记录了毛泽东主席重新登上阔别了三十六年的井冈山时对井冈山时期革命斗争历史的回忆，对我们今天继承和弘扬中国共产党的优良革命传统和作风,具有重要的现实意义。

我在毛泽东主席身边工作了近三十年,亲耳聆听毛泽东主席的言谈话语,亲眼目睹毛泽东主席的衣食住行。毛泽东主席是我最崇敬的伟大领袖,毛泽东主席是我最熟悉的伟大导师。

毛泽东主席为中国人民革命的胜利、为中国的社会主义建设事业付出了他一生的辛勤劳动,付出了他毕生的心血。

毛泽东主席以他无私无畏的高尚品德,以他博大精深的远见卓识,以他气势恢宏的英雄气概,为中国人民的解放事业作出了不可磨灭的历史贡献。

这本日记为纪念毛泽东主席诞辰一百周年而发表,以此寄托我对他的深切的永远的怀念。

汪东兴
一九九三年六月

再版前言

《汪东兴日记》是一九九三年为纪念毛泽东主席诞辰一百周年而整理出版的。本书出版后得到广大读者的关注，提出了一些意见和评论，对此我深表感谢。

中国共产党成立至今已有近九十年，中华人民共和国成立至今也已有六十多年。这期间的中国历史是非凡的、伟大的，历史选择了中国共产党，选择了社会主义新中国，选择了伟大领袖毛泽东。

学习和总结历史，可以知兴替，可以观察现在和规划未来。历史经验证明，中国共产党和新中国的历史是非常值得我们珍视的宝贵财富。

我愿以真实的方式回忆历史，和读者一起学习和总结历史。

汪东兴

二〇一〇年四月

毛泽东在延安

随毛主席转战陕北

1947年3月18日——1948年3月23日

引 言

一九四七年初，全国规模的内战爆发，我军在几个战场上夺得主动权，同时蒋管区人民的反蒋运动也有新的发展。中共中央根据这一形势，于一九四七年二月一日发出《迎接中国革命的新高潮》的指示，明确指出：目前中国正处在反帝反封建斗争的新的人民大革命的阶段，我党的任务是为争取这一高潮的到来及其胜利而斗争。同时要求我军：为着彻底粉碎蒋军的进攻，必须在今后几个月内再歼蒋军四十至五十个旅，这是决定一切的关键。

从一九四六年七月到一九四七年一月，我军平均每月歼敌八个旅，共歼敌七十一万余人。蒋军虽仍占有我解放区一〇五座城市，但有生力量大量被歼，兵力不足的弱点更加暴露，被迫于一九四七年三月缩短战线，放弃"全面进攻"，改为"重点进攻"，并把进攻重点置于山东和陕甘宁两个解放区，以继续维持其战略上的攻势。

敌人依据"重点进攻"的方针，集中了三十四个旅二十三万人，分由南、西、北三面向陕甘宁解放区发动进攻。南线为胡宗南部，西线为马鸿逵、马步芳部，北线为邓宝珊部。其中胡宗南部整编第一军军长董钊，第二十九军军长刘戡率领的十五个旅约十四万人，分两路直接进攻延安。

毛主席胸怀大局，十分清楚地知道，敌人表面气势汹汹，其实已是强弩之末，战争已到了发生重大转折的历史关头。毛主席不失时机地做出了撤离延安的战略决策。

对于撤离延安，不少干部、战士、学生、农民感情上一时转不过弯来。一部分同志不同意撤离延安，并要"不放弃一寸土地"，"誓死保卫延安"。毛主席在干部会议上说："我们在延安住了十年，动手挖了窑洞，开荒种了小米，学习了马列主义，培养了一大批干部，指挥抗日战争取得了胜利，领导了全国革命。现在中国、外国都知道有个革命圣地——延安。延安不能不保，但保卫延安不能死保。战争不能只限于一城一地的得失，而主要在于消灭敌人的有生力量。"主席说："存人失地，人地皆存；存地失人，人地皆失。蒋介石打仗争地盘，要延安，要开庆祝会。我们打仗是要俘虏他的兵，缴获他的武装，消灭他的有生力量。他打他的，我打我的。大路朝天，各走一边。蒋介石占延安，是搬起石头砸自己的脚。等他背上这个很重的包袱，我们再收拾他，他就要倒霉了，等蒋介石算清这笔账，后悔也迟了。"

一九四七年三月十八日

毛主席的讲话迅速传达下去。今天中央社会部李克农同志向我们传达了毛主席在干部会上的讲话内容，同志们对党中央和毛主席关于撤离延安的决策进行了热烈的讨论。大家思想通了，深感毛主席对战胜敌人，保卫延安早已胸有成竹，延安迟早还是我们的。于是群情激昂，上下同心同德，积极主动准备撤离延安，随时准备消灭敌人，早日收复延安。

这几天敌人不断地派飞机轰炸延安。中央机关和延安的群众陆续有组织有计划地撤离延安。

毛主席、周副主席住在王家坪左边的山坡上，山上边住着中央警卫团的司令部。

上午我们在窑洞里不时可以听到从延安南面传来的大炮声，听到激烈的枪声。这是我主力部队在三十里铺、劳山一带阻击敌人，尽可能推迟敌人占领延安的时间，掩护党中央和延安人民顺利撤出延安。

下午王家坪对面的大路上最后一批机关工作人员和延安群众走过去了；从前线陆续撤下来的部队匆匆走过去了；炮声、枪声越来越近了，敌人离延安不远了。人们不约而同地向着毛主席住的窑洞望去，毛主席还没有撤离延安。

这时候我接到命令：马上带领中央警卫团团长刘辉山、中央社会部治安科慕丰韵和一个骑兵分队立即由枣园到王家坪执行保卫毛主席和周副主席撤离延安的任务。

1947年,转战陕北前夕的毛泽东。

我们马不停蹄奔到王家坪已是下午四时许。我和叶子龙、龙飞虎取得联系。他们见我们到了,对我说:"毛主席、周副主席正在同彭德怀、王震同志开会。"

我说:"怎么走法?坐汽车,还是骑马?"

叶子龙同志说:"毛主席准备乘汽车走,前面路上安全如何?"

我说:"乘汽车走,那要先派人到机场联系,那里现正在挖壕沟,要通知他们留出一条汽车通道。"叶子龙同志同意我的意见,我即派骑兵排长宫东勋同志前去联系,然后叶子龙同志和我进了窑洞继续讨论。

我们一起研究了如何保卫毛主席、周副主席安全撤离延安,由于情况紧急,大家说话非常简短。会一散,周副主席把我叫进他们住的窑洞对我说:"东兴同志,你来得正好。马上带人去检查一下中央机关的坚壁清野工作。你们要把中央机关各单位的驻地仔细检查一下，不要有一点泄密的东西给敌人留下。检查结束后，十二时撤离延安。"我向周副主席汇报："我已派人去机场方向探路，路上安全没有问题。"周副主席马上转身去安排毛主席撤离延安的事情。我接受了任务，带领骑兵分队的同志把所有中央机关住过的窑洞仔细检查了一遍，将可能暴露机密的东西全部整理销毁。当我们检查到杨家岭机关驻地时，发现窑洞失火，我带领部队立即投入救火，推迟了预定撤出延安的时间。

周副主席向我布置完任务后按照中央决定的路线与毛主席坐上汽车由王家坪出发，经飞机场、桥儿沟、拐峁、姚店子踏上转战陕北的行程。出发时，前面由两名骑兵带路，其余的骑兵随后，后因汽车在骑兵之后尘土太大，影响汽车行进，便改由汽车在前，骑兵在后，行军速度明显加快了。

当晚到达刘家渠。

一九四七年三月十九日

今天敌人占领了延安。

毛主席得知蒋军占领延安的消息，非常轻松地对我们说："敌人占领延安，现在恐怕正在举杯庆祝呢！他们高兴得太早了，延安早晚还是我们的。"

由于汽车未伪装好，敌机发现目标进行轰炸，汽车受到轻微损伤，毛主席、周副主席等安然，部队迅速将汽车加强伪装，即由刘家渠出发，经永坪镇到清涧县徐家沟。

一九四七年三月二十日

毛主席、周副主席今天在徐家沟按兵未动。毛主席要叶子龙同志通知已到达瓦窑堡的刘少奇、朱德、任弼时和陆定一等同志于三天之内向高家岭靠拢,以便商议问题。

这天中央警卫团骑兵中队到达距清涧县高家崄三里路的一个村子,加强了保卫毛主席党中央的兵力。

一九四七年三月二十五日

毛主席、周副主席离开徐家沟来到清涧县高家崄,在此住了五天。毛主席、周恩来、刘少奇、朱德、任弼时、彭德怀等同志在一起研究全国战争的情况,极度关注着敌人占领延安后的动向。蒋介石指挥胡宗南占领延安之后,毛主席料定敌人会不可一世,急于寻找西北野战军主力决战。他们在延安立足未稳,就会分路伸展。青化砭是延安至榆林公路上的咽喉,地形险要,非常有利于隐藏我军,消灭敌人。

按照毛主席的战略思想,由彭德怀部署兵力,三月二十四日先派出一支部队佯攻,把敌人主力牵向延安西北,而我军主力集中优势兵力,埋伏于青化砭,待敌人进入埋伏圈内,一起向敌开火,使敌无法伸展。青化砭一仗歼灭敌人三十一旅近三千人,旅长李纪云被活捉,缴获了大量武器弹药。战斗进行了不到一小时,当敌人主力发觉上当急忙返回时,战斗已经结束。青化砭一战取得了西北战场的首次大捷,有力打击了敌人占领延安后的嚣张气焰,极大地鼓舞了我军的士气。

一九四七年三月二十八日

毛主席、周恩来、刘少奇、朱德、任弼时同志一行二十六日由高家崄出发到达吴堡县任家山。在此地住了两夜。

今天我返回社会部开会,会上李克农同志传达中央指示,中央机关要再向晋西北疏散，我部除一部分人员已到达晋西北临县三交镇外，现留存的这一部分人员也准备转移去晋西北。中央警卫团留多少人还未定，我们要作好思想准备，中央一声令下，该怎么行动就怎么行动。

一九四七年三月三十一日

毛主席、周恩来、刘少奇、朱德、任弼时等同志，二十八日由任家山出发到达清涧县枣林沟。在此住三天。中央在此开会决定：中央机关从现在起分为前委、工委、后委。前委有毛主席、周副主席、任弼时和陆定一同志，留在陕北指挥全国解放战争。工委有刘少奇、朱德、董必武同志，去华北领导那里的工作。后委有叶剑英、杨尚昆同志，他们已在晋西北，会后派周副主席去晋西北组织成立后委。

毛主席在会上说："为了便于行动，前委工作班子要小而精，人员由中央有关部门选留。具体安排请任弼时同志负责办理。"

中央社会部李克农同志按照中央上述精神决定中央警卫团团长刘辉山、政委张廷祯、参谋长古远兴和我率领警卫团的一、二、三连和骑兵中队留在陕北执行保卫党中央的任务。李克农同志率领社会部人员出发去晋西北三交镇。

李克农同志把以上安排告诉师哲同志，师哲同志说："社会部可不留人了。"根据师哲同志的指示，我和李克农同志随社会部机关去晋西北。

毛主席、任弼时、陆定一等同志由枣林沟出发，今天到达绥德县邱家坪。

一九四七年四月一日

周副主席到晋西北临县三交镇成立中央后委。

周副主席在中央后委成立的会上问："社会部为什么没留人在前委？"李克农同志说："当时报告了师哲同志，他说社会部可暂不留人。"周副主席说："那不行，还是要留人，让汪东兴同志跟我一起回去。"李克农同志说："汪东兴同志也来开会了，我通知他跟你一起回去。"李克农同志找到我一起走出会场时对我说："今晚和我们一起住一夜，明天一早你同周副主席一起回河西。"

晚上我与李克农同志睡在一处，说了不少话。李克农同志对我说："你回陕北的主要任务还是保卫毛主席、周副主席、任弼时同志和中央前委的安全，这是头等大事。对于适应新情况，与那里的同志团结共事，我对你还是很放心的。"

一九四七年四月二日

周副主席吃过早饭，与刘少奇、朱德同志在窑洞门口谈了一会儿话就告别准备上路。叶剑英、杨尚昆同志派了两辆小吉普车送周副主席。周副主席、我和警卫员王鹤寿坐在前面一辆车上，警卫员小关押送行李乘第二辆车。

我们行至柳林镇在一个学校里吃午饭。一架敌侦察机对地面盘旋扫射，周副主席一面注视着敌机的动向，一面对我说："把汽车伪装好。你去借校长办公室，咱们休息三小时，下午五时让汽车把我们送到黄河边上，然后让汽车返回三交镇，我们步行去上船。不知河边能否有船？"

我说："船的问题，李克农已电话通知晋西北公安局的谭政文同志，请他们负责办理，到时我去找他们就行。"

周副主席说："船要由军渡直接开到宋家川渡口，因为那里有汽车等我们。"

汽车一到黄河边我即去找公安局的同志。突然周恩来同志的警卫员王鹤寿来叫我快回去，说首长、关园太同志和行李已上了一条船，就要离岸。我一听急了，赶快返回他们上船的地方。我对周副主席说："这条船不直接开宋家川渡口，船上人和骡马混杂，不能保证安全。"

周副主席听了笑着说："那好，听你的。"

我们上了另一条船，安全顺利渡过黄河，来到宋家川渡口。

渡口没有汽车等候。

一九四七年四月三日

接我们的汽车凌晨二时赶到渡口。

周副主席指示："天亮以前一定要过绥德。"

我们马上上车，立即赶路。

车经过吴堡县境时，与中直机关运送物资的骡马队相遇。

周副主席对我们说："你去看看这里住着哪个单位的人。"我去后，了解到是中央特会室的同志住在这里。

周副主席又告诉我："你请他们给我们找些现洋带上。"

我下车去找了好大一会儿未找到。一位同志得知我是奉了周副主席的指示在找现洋，他帮我找到一个很重的小箱子，对我说："这箱子里装的是金子，带上用得着。"我听了他的话，把小箱子搬上汽车。

周副主席见我回来，对我说："万一到了绥德没有马匹驮行李怎么办？"

我又去找了两个同志上车同行。

汽车行至义合镇，离绥德还有五公里时，周副主席要我带上一个同志去村子里找邓杰同志为我们准备好的马。

我们在全村找遍了也没有找到一匹马，只找到一位姓韩的老汉，他告诉我们村里的人和骡马都进山了。我们赶快追上汽车报告了情况。

周副主席看到我们跑得气喘吁吁，说："我以为你们会骑马来的，没想到人跑了十华里，真对不起，把你们累坏了吧？"他听我们汇报说没有找到马，接着说："我们只好在此下车步行了。"

刚下车没走几步，从绥德方向过来一匹白花马和一头毛驴。他们是绥德最后一部电台联络站在撤退。这几个同志看到周副主席走来，迎上来对周副主席说："敌人已到了清涧县，今天可能到达九里山向绥德进攻。"

周副主席说："敌情很紧，我们要赶着去前线。我写个条子给你们领导，告诉他马和毛驴让给我用，你们把电台机器搬上我们的汽车撤到黄河对面去。"

我们骑上白花马和毛驴沿着绥德街往前走，来到二十里铺的半山腰上找到一位老妈妈家稍作休息。

我对老妈妈说："大妈，能不能给我们找些吃的东西？"

老妈妈说："没有什么东西吃了。"

我笑着对她说："我们是去前线的解放军，我们给您钱买点粮食好不好？"

老妈妈为难地说："粮食埋在地窖里，儿媳们都进山去了，我一人拿不出来。"

我一听有粮食，马上高兴地说："我帮您去拿。"

我陪老妈妈到埋有粮食的地方，老妈妈面有难色，和我商量说："你们一共几个人？"

我回答说："六个人。"

老妈妈说："我们家粮食不多。"她用手指着周副主席说："那个人像个大官，应该给他吃点面，你们喝小米粥行吗？"

我听了大笑，对她说："大娘，您真有眼力！您肯给我们首长吃面，我们太谢谢您了！我们吃什么都行。"

我和老妈妈说话的工夫，周副主席和其他的同志都已经睡着了，王鹤寿在门外站岗放哨。我和老妈妈到另一间房子里做饭。老妈妈用白面给周副主席做了四个烙饼，给我们煮了一锅小米稀饭。饭一做好，我把大家叫起来吃饭。

周副主席吃了两个饼子，发现我们只喝稀饭，不吃饼子，奇怪地问："你们为什么不吃饼子？"

我对周副主席说："老妈妈看出你是首长，特地为你做的饼子，我们只给吃小米粥了。"

周副主席大笑说："老妈妈对我们的招待很真实，但你们就太过分了。来，大家都尝尝这饼子。"说着硬要把饼子给我们吃。

周副主席对我说："你去把那个装金子的小箱子拿来，给老妈妈一块光洋，好好谢谢她。"

我去把那个小箱子拿来打开一看，哪里有什么光洋，箱子里面装的全是手表。我们只好找了一些边币交给老妈妈。

告别了老妈妈，从二十里铺出发，我们又上路了。

一路上，周副主席骑着白花马走在前面，我骑着毛驴走在后面。这毛驴驮着鞍架，很不好骑。我骑着它，它不好好走，后面还要有人赶着它，它才肯走，下坡时还把我给摔下来了。周副主席看到我从毛驴上摔下来，笑着说："你在陕北呆了这么多年，怎么连个毛驴子也不会骑？有一句顺口溜听说过没有？叫做：上山骡子下山马，平路毛驴不用打。"我不好意思地从地上爬起来，牵着毛驴下了山。

我们沿着无定河北岸，经过三十多里路的行军，来到子洲县境内一个叫薛村的小村子宿营。村长给我们找了一孔里外套间的窑洞。我和周副主席住在里窑，小王、小关和另外两个同志住外窑。他们四人轮流值班，村外围有八个民兵担任警戒。这村里的狗因有生人来住，叫个不停，搅得我们一夜未睡好觉。

一九四七年四月四日

周副主席一早就起来了，他把我们都叫起来收拾行李。我和周副主席步行先走一步，小王、小关等牵着马和驴，驮着行李紧紧跟上。周副主席说："这里离子洲县城只有二十华里，我们赶到县委吃早饭。"

子洲县委只有县办公室主任一人看家，其他人员都疏散到山里去了。周副主席对办公室主任说："你去把县长、县委书记找回来，我有事和他们商量。另外再想办法弄点东西给我们吃。"

晚上，子洲县的县委书记、县长来见周副主席。周副主席对他们说："敌人来之前县委机关疏散是对的，但主要领导不留下就不太好了。我在子洲县城的街上看到不少军人和伤员，应该把他们收容起来，组织起来。伤病员要组织人把他们送到野战医院去及时治疗。现在正是春天，要马上准备种粮食。备战不能丢了生产。敌人进攻子洲县城是完全可能的，让县武装分队驻守在城内，保卫生产，保卫边区，看到敌人再走也来得及。县委领导更应留人指挥部队保卫县城人民的安全。"

子洲县的县委领导连夜分头去执行周副主席的指示。

一九四七年四月五日

今天我们由子洲县出发沿大理河行进，傍晚时分到达巡检寺。

一九四七年四月六日

今天行至麒麟沟，一路上看到不少伤病员。周副主席指示我们，要我们帮助他们拿东西，把他们组织起来互助，跟着我们一起走。

周副主席一边和我们一起招呼伤病员，一边对我说："我写信给陕甘宁边区林伯渠同志，请他组织力量帮助伤病员同志到指定医院治疗。"

一九四七年四月七日

今天到达横山县石湾。

街上不少伤病员坐着或躺着，看不到医护人员。周副主席把我叫过来对我说："你过去召集他们开个会，了解一下他们的伤情，选出领导，把他们组织起来。"

我按照周副主席的指示，把沿街散落的伤病员召集起来开会。在他们中间我找到一位姓谢的排长，我指定他将伤病员领导组织起来，由他担任伤病员们的临时指挥员。

周副主席一见到我开完会回来就问我："这些伤病员共有多少人？"

我说："昨天下来九人，今天下来十八人，现在一共二十七人。"

周副主席说："陕甘宁边区政府离这里不远了。我给林伯渠同志写封信让他们带上，请林伯渠同志妥善安置他们。"

一九四七年四月八日

一早，我带了周副主席给林伯渠同志的信，在石湾的街上找到了谢排长，把信交给他并告诉他周副主席的指示。

谢排长带领二十七名伤病员由横山县委派人带路向边区政府所在地出发了。

送走伤病员，我们也从石湾出发。

下午五时到达靖边县青阳岔与中央前委毛主席会合。

晚上，毛主席、周副主席、任弼时、陆定一等同志开会，叶子龙和我列席了会议。

会议由毛主席主持，主要讨论前委机关的组成问题。会议决定：中央前委机关代号为九支队，下属组成为：支队司令部为一大队，司令员为任弼时同志（化名为史林），政委陆定一（化名为郑位），一大队包括参谋值班室、机要科、警卫科、行政处、卫生处、调查组和军委作战室。参谋长叶子龙，副参谋长是我，政治部主任廖志高，作战部李涛，卫生处黄树则，机要科吴振英。二大队负责情报工作，由胡备文同志负责。三大队负责通讯联络，由崔林同志负责，包括电台、有线电话等。四大队为新华社，由范长江同志负责。中央警卫团团长刘辉山、政委张廷祯负责中央前委的警卫工作。为保密、安全起见，从现在起毛主席化名为李得胜，周副主席化名为胡必成。

一九四七年四月十二日

毛主席、周副主席、任弼时、陆定一同志与九支队全体同志今天由青阳岔出发到达安塞县王家湾。

一九四七年四月十三日

毛主席急于了解西北战场情况，急召李涛同志来见他。

毛主席焦急地问李涛同志："前线的情况怎么样？"

李涛同志回答说："还没有收到新的战况报告。"

毛主席说："一有消息，马上来报告。"

任弼时同志告诉我们：中央前委机关可能要在王家湾多住几天，你们把各方面工作安排一下。

参谋长叶子龙和崔林、彭润田同志研究讨论保障通讯联络畅通的问题。

我和中央警卫团的刘辉山、古远兴、龙飞虎、刘坚夫、慕丰韵、毛崇横、阎长林、高富有等同志一起研究讨论中央前委驻地安全的问题。我们一边查看地势,一边研究讨论。

王家湾的地势好,整个村子在山沟里的西山坡上。坡底有一条小河,不下雨时,河里的水量很小。沿着小河是一条与外界通行的大道,来来往往的人不少。

我们警戒的重点是控制制高点,防止敌人偷袭。我们在山顶挖好工事,昼夜监视王家湾周围情况;在驻地周围加派流动哨,白天减少,晚上增加;对大路上的过往行人听其自然,内紧外松。由刘辉山团长按照今天研究的精神,把各大队的警戒任务分配安排下去。

一九四七年四月十四日

今天大家的心情特别高兴。

毛主席、周副主席、任弼时、陆定一和彭德怀同志指挥西北野战军主力,在瓦窑堡以南的羊马河打了一个大胜仗。全歼敌整编一三五旅,俘敌旅长麦宗禹及其部下四千余人。这个振奋人心的好消息,使整个王家湾充满欢声笑语。

一九四七年四月十五日

叶子龙同志召集我、吴振英、徐也夫、丁农、车平度、刘长明等同志开会,传达并讨论毛主席、周副主席、任弼时、陆定一同志对支队参谋处工作的指示。按照上级领导的要求,参谋处要二十四小时值班,保证随时将全国各解放军司令部发来的战况进展电报及时收抄,译出送交前委领导。

我们参谋处的几个人睡在一个窑洞的一个炕上,晚上值班回来炕上挤得上不去人，生活条件很苦，但大家的情绪高涨。看到毛主席、周副主席、任弼时同志为全国人民的解放事业日夜操劳，和我们一样住窑洞，睡土炕，保卫他们的安全，是我们光荣的责任。

一九四七年四月十六日

上午任弼时同志来参谋处值班室通知召开支队各大队负责人会议。

下午二时，在村南打谷场，由陆定一同志主持会议。参加会议的有叶子龙、我、李涛、廖志高、胡备文、范长江、崔林、黄树则、刘辉山、谢邦宪、张廷祯等，会议的内容是任弼时同志传达毛主席的《关于西北战场的作战方针》。

毛主席指出："敌现已相当疲劳，尚未十分疲劳；敌粮已相当困难，尚未极端困难。我军自歼敌三十一旅后，虽未大量歼敌，但在二十天中已经达到使敌相当疲劳和相当缺粮之目的，给今后使敌十分疲劳、断绝粮食和最后被歼造成有利条件。""目前敌之方针是不顾疲劳粮缺，将我军主力赶到黄河以东，然后封锁绥德、米脂，分兵'清剿'。敌三月三十一日到清涧不即北进，目的是让一条路给我走；敌西进瓦窑堡，是赶我向绥、米。现在因发现我军，故又折向瓦市以南以西，再向瓦市赶我北上。""我之方针是继续过去办法，同敌在现地区再周旋一时期（一个月左右），目的在使敌达到十分疲劳和十分缺粮之程度，然后寻机歼击之……应向指战员和人民群众说明，我军此种办法是最后战胜敌人的必经之路。如不使敌十分疲劳和完全饿饭，是不能最后获胜的。这种办法叫'蘑菇'战术，将敌磨得精疲力竭，然后消灭之。"

毛主席说："你们现在位于瓦市以东和以北地区，引敌向瓦市以北最为有利；然后可向敌廖昂薄弱部分攻击，引敌向东；再后你们可折向安塞方面，引敌再向西。""但你们在数日内即应令三五九旅（全部）完成向南袭击之准备，以便在一星期以后派其向南担任袭击延长延安之线以南、宜川洛川之线以北地区，断敌粮运。"

陆定一同志待任弼时同志传达完毛主席的讲话后对大家说："刚才任弼时同志传达了毛主席的最新指示，对我西北野战军的作战方针起着非常重要的指导作用，大家要好好学习领会。"任弼时同志接着陆定一同志的话说："毛主席对敌人的分析十分透彻准确，对我西北野战军的作战方针给予适时有力的指导，非常重要，上述讲话就是发给彭德怀、贺龙、习仲勋同志的电文。为了让同志们了解毛主席的战略思想，了解西北战场的战争形势，特地把大家召集来，把毛主席的指示传达给大家，这个指示很重要，是我军的重大机密，只向今天到会的同志传达，没有向下面传达的任务。"

一九四七年四月十七日

廖志高同志来我们住的窑洞，找叶子龙和我商量工作。

廖志高同志对我们说："现在支队直属单位多，每个单位的支部工作都由政治部直接领导，工作上有困难。我考虑是不是成立支队直属大队党总支委员会，由汪东兴同志担任总支书记。"

我说："机构重复的话，工作也不方便。再加上人员组成较新，互相不十分了解，还是由政治部直接领导为好。"

叶子龙同志说："现在支队直属大队单位多，驻地分散，正处在战争环境，党员的思想政治工作必须加强。我同意廖志高同志的意见，还是成立支队直属大队总支委员会有利于工作。"

廖志高同志听完我们的意见说："支队直属大队成立总支委员会的事就基本定下来了。我把这个意见向任弼时同志、陆定一同志汇报一下，如果同意了，就召开支队直属大队党员大会。"

一九四七年四月十八日

上午廖志高同志和我去中央警卫团参加军民联欢会。

联欢会由中央警卫团政委张廷祯主持，他代表中央警卫团的全体官兵对乡亲们的大力支持和帮助表示感谢。

廖志高同志代表支队领导在会上宣布了羊马河战役的胜利消息，使全场军民热烈欢呼。

欢呼声、口号声响成一片，大家以开水、秧歌庆祝。战士们、群众表演了一些小节目。

一九四七年四月十九日

任弼时同志与叶子龙、廖志高和我讨论支队后勤供应问题。

任弼时同志让我们先谈一下目前供应情况，特别是粮食供应情况。

子龙同志说："现在粮食供应问题不小，小米已很困难，正在筹集杂粮。"

我说："骡马草料日趋紧张。边区政府来人讲过，为防止敌人进攻时粮食落入敌手，所以不少地方的粮站未将粮食集中入库，都分散保存在群众手中，现在群众疏散进山，粮食找起来就困难了。"

廖志高同志说："现在供应处的同志日夜跑粮，跑草料。刚到这里时在近处跑，现在近处的粮食跑得差不多了，要到几十里路以外的地方去跑，工作相当辛苦。"

任弼时同志听了我们的汇报，深感粮食问题不容乐观，他说："粮食问题看来是越来越紧张，我们要紧紧依靠地方政府配合来加以解决，还要注意尽量节约粮食，决不能浪费。供应处同志工作很辛苦，希望他们多注意身体，继续做好筹集粮食的工作。供应处的同志和政治部住在一个村子，廖志高同志要多去那里帮助他们解决困难，一定要保证支队的粮食供应。"

粮食问题，真是决定战争胜负的大问题之一。敌人疲劳无粮，必败无疑。我军靠毛主席党中央的英明决策，依靠广大人民群众，缺粮只是暂时困难，我相信，在大家的努力下，九支队的粮食问题能够解决。

一九四七年四月二十日

今天廖志高同志和我陪同任弼时同志视察各大队驻地。

我们来到一大队、二大队、三大队和四大队的驻地，胡备文同志、崔林同志、范长江同志分别向任弼时同志汇报了本大队的工作情况和生活情况。每到一地，任弼时同志都到各大队工作的窑洞、生活的窑洞仔细询问情况，看到了同志们在相当艰苦的环境中忘我的工作精神。在视察中也有的同志提出生活上的困难，特别是粮食配给制，个别人吃不饱的问题。任弼时同志告诉大家："目前支队整个情况都是如此，粮食是有困难。供应处的同志尽最大努力解决困难。各大队都要抽出三至五人去做宣传群众、组织群众的工作。趁现在敌人还未来，一要抓紧本身业务工作，二要组织动员人民群众支援我们，集中粮食供应前线。"

为了解决支队吃饱饭的问题，各大队有什么吃什么，基本上以杂粮为主。

一九四七年四月二十一日

我陪同任弼时同志继续视察，今天来到中央警卫团的驻地。

刘团长、张政委向任弼时同志汇报中央警卫团的战士们思想情绪稳定，精神饱满，对完成九支队的警卫任务信心十足。

任弼时同志听了汇报后很满意，他指示警卫团的官兵，除完成好担负的警卫任务外，还应抽出一定力量帮助群众生产，训练民兵。

一九四七年四月二十二日

今天上午由我召开支队各直属大队支部书记联席会议，根据支队领导的意见成立支队直属大队总支委员会。经过会上各支部书记充分酝酿讨论，提出总支委员会委员候选人名单：叶子龙、汪东兴、黄树则、谢邦宪、周西林、毛崇横、吴振英。

下午在村南晒谷场上召开支队直属大队全体党员大会，首先由我向全体党员介绍了成立总支及总支候选人产生的酝酿过程。然后征求了其他党员对成立总支及候选人的意见，党员同志一致同意成立支队直属大队总支委员会，大家举手通过了总支委员会的组成人员名单。

会后当选的总支委员开会分工：汪东兴为总支书记，叶子龙、吴振英为组织委员，谢邦宪为生活委员，黄树则为群众工作委员，周西林、毛崇横为宣传委员。分工结束，我们又一起分析研究了当前支队各类人员的思想情况。总的来说，同志们的思想稳定，工作责任心强，都能较好完成自己担负的任务，但需要让大家一方面了解全国战场上的进展情况，鼓舞士气；另一方面要让同志们充分认识到我们目前所遇到的困难，做好克服困难的准备。

一九四七年四月二十三日

支队参谋处请作战部的李涛同志介绍西北战场的作战情况。

李涛同志用许多事实向我们介绍了西北野战军在彭德怀副总司令指挥下，运用毛主席制定的"蘑菇"战术，牵着敌人的鼻子走。毛主席想让他们走到哪里，他们就走到哪里；毛主席想在哪里打他们一下，就在哪里打他们一下。敌人被我军牵着打着，疲劳不堪，

毛泽东在行军路上

加之粮草不断被我军阻截,战事对我军十分有力,正在朝着毛主席预计的方向发展,西北野战军正在寻机歼灭他们。

李涛同志的精彩描述,使听讲的人不时发出会心的笑声。毛主席料敌真如神。

一九四七年五月四日

毛主席、周副主席、任弼时同志运筹消灭胡宗南的第一军、第二十九军的战略行动。

蟠龙镇是胡宗南的后勤补给基地,派有重兵把守,毛主席决定从蟠龙镇下手,一来可以消灭敌人的有生力量,二来可以为我军的战略行动筹粮筹物。

毛主席指示西北野战军派出一个旅在清涧县周围集结行动,胡宗南以为是西北野战军主力意向绥德方面运动,他估计我军主力一可能欲寻他的主力与之较量;二打算东渡黄河,准备逃跑。不管我军如何打算,他决定命令董钊的第一军、刘戡的第二十九军迅速北上绥德,又令榆林的邓宝珊部南下堵击配合,企图南北夹击消灭我军主力。我军以少量兵力引敌出蟠龙镇,边打边走,拉着敌人不放,而我军主力却在原地不动,伺机待命。

胡宗南果然上钩,蟠龙镇只剩敌一六七旅旅部率一个团,加上陕北民军第三总队留守。毛主席见时机已到,命令西北野战军抓住战机,集中优势兵力于一九四七年五月二日攻打蟠龙镇。

蟠龙镇的守敌莫名其妙却大难临头,但迫于胡宗南曾下令"死守蟠龙",拼命抵抗,等待主力返回增援。

西北野战军主力经过两天两夜的激战,全歼守敌六千七百余人,活捉一六七旅旅长李昆岗,缴获大批物资装备,其中包括军服四万

1947年春,毛泽东在转战陕北的征途上。

余套，面粉一万多袋，山炮六门，骡马千匹，子弹炮弹一百万余发。辉煌的战绩使全体军民的士气倍增。毛主席把战场主动权牢牢抓在手中，把千万人的战争指挥得精彩纷呈，他不仅是我军英明的指挥官，还是敌军最权威的调遣者，有这样的领袖，我们能不胜利么？

这一仗打得太漂亮了！

一九四七年五月五日

蟠龙镇的胜利不仅使我们兴奋不已，战争的指挥者们更是为毛主席的战略决策欢欣鼓舞。彭总来电询问九支队的生活状况，一定要送些面粉、军衣、骡马等物来。任弼时同志收到电文即向毛主席、周副主席报告。几个人商议后，毛主席说："仗是西北野战军打的，他们打得好，打得精彩，打得辛苦了！这些物资装备正好是他们再战的粮草，弹药的补充。让他们迅速将这些战利品发给官兵，让他们吃好穿好休息好，以利再战。我们的生活不困难，比起战士们要好得多，不要送什么东西来，代我们谢谢西北野战军，谢谢彭总，谢谢战士们！"

任弼时同志遵照毛主席的旨意，给彭总发了回电。

一九四七年五月十日

受中央前委和毛主席的委托，周副主席今天启程去安塞县真武洞参加陕甘宁边区军民庆祝三战三捷的大会。

为了保证周副主席此行的安全，我们派了骑兵分队跟随周副主席一同前往。

一九四七年五月十四日

安塞县真武洞，红旗飘扬，锣鼓喧天，到处是人山人海，陕甘宁边区多少日子没有见过这么多人了!

周副主席代表党中央毛主席在庆祝大会上讲话。他告诉大家:"党中央毛主席没有离开陕北,一直在陕北与边区广大军民并肩战斗。"广大军民听说党中央毛主席仍和边区人民在一起,高兴得跳呀,叫呀,任你说什么也是听不清了。

周副主席此行历时五天,先后与彭德怀、习仲勋、王震、张宗逊、林伯渠、王维舟、王世秦等同志亲切谈话,于今天返回王家湾。

一九四七年六月一日

任弼时同志主持召开支队干部会议,传达毛主席为新华社写的《蒋介石政府已处在全民的包围中》一文,文章由范长江同志向大家宣读。

毛主席在这篇文章中说:"和全民为敌的蒋介石政府,现在已经发现它自己处在全民的包围中。无论是在军事战线上,或者是在政治战线上,蒋介石政府都打了败仗,都已被他所宣布为敌人的力量所包围,并且想不出逃脱的方法。

"蒋介石卖国集团及其主子美帝国主义者,错误地估计了形势。他们曾经过高地估计了自己的力量,过低地估计了人民的力量。"

毛主席说,现在"中国境内已有了两条战线。蒋介石进犯军和人民解放军的战争,这是第一条战线。现在又出现了第二条战线,就是伟大的正义的学生运动和蒋介石反动政府之间的尖锐斗争。学生运动的口号是要饭吃,要和平,要自由,亦即反饥饿,反内战,反迫害。……蒋介石的军警宪特与学生群众之间,到处发生冲突。蒋介石用逮捕、监禁、殴打、屠杀等项暴力行为对付赤手空拳的学生,学生运动因而日益扩大。一切社会同情都在学生方面,蒋介石及其走狗完全陷于孤立,蒋介石的狰狞面目暴露无遗。学生运动是整个人民运动的一部分。学生运动的高涨，不可避免地要促进整个人民运动的高涨。

"由于美帝国主义及其走狗蒋介石代替了日本帝国主义及其走狗汪精卫的地位，采取了变中国为美国殖民地的政策、发动内战的政策和加强法西斯独裁统治的政策，他们就宣布他们自己和全国人民为敌，他们就将全国各阶层人民放在饥饿和死亡的界线上，因而就迫使全国各阶层人民团结起来，同蒋介石反动政府作你死我活的斗争，并使这个斗争迅速发展下去。全国人民除此以外，再无出路。被蒋介石政府各项反动政策所压迫、处于团结自救地位的中国各阶层人民，包括了工人、农民、城市小资产阶级、民族资产阶级、开明绅士、其他爱国分子、少数民族和海外华侨在内。这是一个极具广泛的全民族的统一战线。

"蒋介石政府长期施行的极端反动的财政经济政策，现在被空前的卖国条约即中美商约所加强了。在中美商约的基础上，美国的独占资本和蒋介石的官僚买办资本紧紧地结合在一起，控制着全国的经济生活。其结果就是极端的通货膨胀，空前的物价高涨，民族工商业日益破产，劳动群众和公教人员的生活日益恶化。这种情形，迫使各阶层人民不得不团结起来为救死而斗争。"

毛主席在文章中说："军事镇压和政治欺骗，是蒋介石维持自己反动统治的两个主要工具，现在人们已经看到这些工具的迅速破产。

"蒋介石的军队，无论在哪个战场，都打了败仗。从去年七月到现在共计十一个月中，仅就其正规军来说，即已被歼灭约有九十个旅。不但去年占长春、占承德、占张家口、占菏泽、占淮阴、占安东时候的那种神气，现在没有了，就是今年占临沂、占延安时的那种神气，现在也没有了。蒋介石、陈诚曾经错误地估计了人民解放军的力量和人民解放军的作战方法,以为退却就是胆怯,放弃若干城市就是失败,妄想在三个月或六个月内解决关内问题,然后再解决东北问题。但在十个月之后,蒋介石全部进犯军已经深入绝境,被解放区人民和人民解放军所重重包围,想要逃脱,已很困难。

"蒋介石军队在前线打败仗的消息传到后方的日益增多,被蒋介石反动政府压迫得喘不过气来的广大人民群众,就日益感觉自己的出头翻身有了希望。恰在这时,蒋介石的一切政治欺骗,由于蒋介石的迅速扮演而迅速破产。一切出于反动派的意料之外,什么召开国民大会制定宪法呀,什么改组一党政府为多党政府呀,其目的原是为着孤立中共和其他民主力量,结果却相反,被孤立的不是中共,也不是任何民主力量,而是反动派自己。从此以后,中国人民从自己的经验中,知道什么是蒋介石的国民大会,什么是蒋介石的宪法,什么是蒋介石的多党政府。在这以前,中国人民中的许多人,主要地是中间阶层的分子,对于蒋介石的这些手法是多少存了幻想的。对于蒋介石的所谓和谈也是这样。在几次庄严的停战协定被蒋介石撕毁得干干净净之后,在用刺刀向着要和平反内战的学生群众之后,除了存心欺骗的人们或者那些政治上毫无经验的人们之外,什么人也不会相信蒋介石的所谓和谈了。

"一切事变都证明我们估计的正确。我们曾经不断地向人们指出,蒋介石政府不是别的,仅仅是一个卖国内战独裁的政府。这个政府欲以内战的手段,削平中共和一切民主力量,达到变中国为美国殖民地和维持自己独裁统治的目的。这个政府因为采取了这些反动政策,它就在政治上变得毫无威信,毫无力量。蒋介石政府的强大只是暂时的,表面的,它实际上是一个外强中干的政府。它的进攻是能够打败的,不论是在什么地方和在什么战线上。它的前途必然是众叛亲离,全军覆灭。一切事变,都已经证明并将继续证明这些估计的正确性。"

毛主席的文章最后说："中国事变的发展，比人们预料得要快些。一方面是人民解放军的胜利，一方面是蒋管区人民斗争的前进，其速度都是很快的。为了建立一个和平的、民主的、独立的新中国，中国人民应当迅速地准备一切必要的条件。"

毛主席的重要讲话传达结束，任弼时同志说："刚才范长江同志传达毛主席为新华社所写《蒋介石政府已处在全民的包围中》的这篇文章很重要，内容很丰富，将起着指导全国解放的作用，回去后各单位要认真组织学习讨论。"

毛主席的文章深入透彻地分析了当前中国的军事、政治形势，大家听得聚精会神，对中国革命的整个轮廓有了较清晰的了解，我们虽身在陕甘宁边区，听了这篇文章的传达，全国革命的具体情景仿佛展现在眼前。毛主席洞察世界的卓越头脑又一次得以充分体现。

一九四七年六月七日

刘戡率领的清剿部队自青化砭，经安塞县直向王家湾扑来。敌军进展速度很快，午后到达离王家湾只有二十里路的平桥地区。

任弼时、陆定一同志与周副主席紧急商议后决定：马上分头通知王家湾的群众坚壁清野，向山里疏散；九支队各大队掩护群众撤退的同时，除带必须携带的东西，其他物品就地掩埋，下午六时向王家湾以东的青阳岔、石湾方向转移。

九支队各大队接到上述命令，立即行动起来。

自从胡宗南进攻延安以来，毛主席很少能有规律地休息，所以当毛主席休息时，他住的窑洞周围就自觉成为大家行动的"禁区"。无论谁都盼望着让毛主席多睡一会儿。下午毛主席一起床，周副主席、任弼时、陆定一同志即在一起，向毛主席报告紧急敌情以及他

1947年6月,陕北王家湾。左一:王荣(毛泽东警卫员),左二:龙飞虎,左三:王鹤寿(周恩来警卫员),左四:汪东兴,左五:郭仁(任弼时警卫员)。

们的安排。

毛主席听完后对周副主席、任弼时、陆定一同志说:"我们不能向东转移。敌人就是想要把我们向东面赶,妄图在东面的大川设下圈套,把我们赶进去,然后前后夹击消灭我们,消灭不了就把我们赶过黄河,我们不能上当。

现在我们要向西转移,向靖边城内马鸿逵的部队靠拢。胡宗南打算利用马鸿逵的部队配合刘戡合击我们,但马军听不听胡宗南的指挥还很难说。我们避开刘戡,利用马鸿逵的地方主义,走一段沙漠路。胡宗南想让我们向东走,我们偏偏往西行。天下的路多得很,他走他的大川,我走我的沙漠,谁消灭谁,咱们走着瞧!"

毛主席的一番话把胡宗南的企图分析得一清二楚。周副主席、任弼时、陆定一等同志一致认为毛主席对敌情的分析是正确的,同意按主席的意图办。

鉴于敌人离王家湾已经很近了，周副主席对毛主席说："敌人离王家湾不远了，请主席收拾一下准备马上出发。"

毛主席笑着对周副主席说："不要急，不要慌，我要看到敌人才走呢！"

任弼时同志着急了，对主席说："你别的意见我们都照办，就是这个意见不能办，你得听支队的安排，马上走！"

毛主席不紧不慢地说："敌人着急消灭我，我不着急。要走，你们先走，我看到敌人再走也不迟。"毛主席点着一支烟，踱出窑洞，向远处望着。

周副主席、任弼时、陆定一同志看主席决意不走，马上召集我们商量对策。大家决定先派罗青长同志骑马去把支队各大队人员追回来改向西走，既然主席要看到敌人再走，不让看恐怕是不行的，能不能找个人替主席看？

任弼时同志说："我看这个主意不错，可以试试。"他来到毛主席面前，对主席说："主席，我有个建议，您看可不可以派个同志替你看敌人？"毛主席听了回过头来对我说："汪东兴，你敢不敢留下来等敌人？"

我向前大跨一步说："怎么不敢？只要毛主席下命令，我就留下等敌人。"

毛主席大笑说："好！给你一个连的兵力够不够？"

我略加思索回答说："给一个加强排就够了。"

毛主席说："就给你一个加强排，任务是替我看到敌人才能走，还要打他们一下。"

我一看主席同意转移了，心里一阵轻松，对主席说："请主席赶快出发，我不看到敌人不离开王家湾。"

主席对我说："我们这就走了，给你留一部电台，要和支队随时保持联系。"

一九四七年六月八日

凌晨三时，毛主席一行离开王家湾西行。

我接受命令后抓紧部署。

我从中央警卫团二连挑选了二排的三十个同志，由排长陈少先带领。每个班配备轻机枪一挺，每人带步枪一支，手榴弹二个，子弹尽量多带，个人物品尽量少带。然后与团参谋长古远兴一起勘察地形，我们把一个排的兵力分成两个梯队：由陈排长带十八人组成第一梯队在原支队政治部驻地的杨岭崂湾前面的制高点设防阻击敌人；在原支队司令部驻地的王家湾后面的山顶上部署第二梯队设防阻击。各梯队各就各位。限早晨八时以前挖好工事，搞好伪装，绝对不能提前暴露目标。电台和骑兵的马匹隐蔽在山顶的庙里。

一切部署就绪，我们在山顶工事里目送最后一批群众撤离王家湾。

上午九时，观察哨来报告：刘戡前卫部队约一个团的兵力开始进入我们的埋伏圈，正向我前沿阵地靠近。

我和古远兴密切观察敌人动向，敌人进入火力射程之内，我一声令下"打"，顿时步枪声、机关枪声大作，一阵猛打，敌人迅速退出沟外。遇到这般较强火力的当头一棒，敌人摸不清我军的虚实，不敢冒进。

一会儿，一架敌侦察机飞抵我们阵地上空侦察，飞机到来之前，我命令部队彻底隐蔽起来，不让敌人侦察到我军的虚实。敌机盘旋了一阵，未发现什么，飞回去了。

敌人的第二次进攻开始了。为了给敌人造成错觉，达到为毛主席、周副主席、任弼时同志率领的九支队多争取一些转移时间的目的，我和古远兴指挥部队将手榴弹集中一起投向敌人，然后用更猛烈的火力杀伤敌人的有生力量。敌人被我们密集枪弹打得不能前进，丢下一些尸体，又败下阵去。

敌机第二次又来阵地上空火力扫射侦察，一名战士的眼睛被击中，受了轻伤，飞机过后，卫生员迅速给他包扎好，继续准备战斗。

忽然一个战士跑来报告：敌人绕道从后面上来了！

我命令第二梯队进入阵地，打退敌人进攻并掩护第一梯队撤到第二梯队阵地。

第二梯队接到命令马上组织火力向敌人猛烈射击。敌人没有想到，在他们后面还有我军这么顽强的阻击，被迫停止前进。

在第二梯队的掩护下陈排长率领的第一梯队安全撤到我们阵地上，他向我报告：除一轻伤外，其他同志及武器安然无恙。我和古远兴同志检查了伤员及武器弹药情况，让同志们抓紧时间休息。

下午，天下起了暴雨，很快山洪暴发。大量雨水裹着泥沙顺山而下，为了保证部队的安全，我和古远兴同志分析敌情后认为，这么大的雨，敌人也难以行动，决定部队撤出阵地，到山顶的庙里避雨。与此同时我又派出侦察兵去侦察敌人的动向。

不久，派出的侦察兵回来报告说："暴雨使敌人的行进速度大大减慢，雨转小后，敌人于晚上九时左右进驻王家湾。"由于我们的阻击加上大雨，使敌人比预定"清剿"王家湾的计划整整推迟了十二个小时，为九支队撤离王家湾争取到了宝贵的时间。我默默计算着毛主席、周副主席西行的路程。

一九四七年六月九日

昨日夜里十二时，王家湾的敌人进入梦乡。我们悄然从山顶庙里向王家湾以西方向撤退。当我们来到小河镇时，正好与九支队留下等我们的骑兵相遇，他们告诉我们："九支队机关在小河镇休息几小时后又向西转移了。毛主席、周副主席让我们与马匹留在这里等候你们，支队领导让你们一到这里即去田茨湾与支队会合。"

我们骑上马，向田茨湾方向前进。

归心似箭，此话不假。越靠近田茨湾，马越是跑得快。一进田茨湾村口，一阵报警枪声响起，前卫士兵立即示意是自己人。

在前卫士兵的带领下，我们径直来到支队驻地。

毛主席、周副主席、任弼时、陆定一同志一见我们回来，迎出门来。毛主席快步走过来，握着我的手问："刚才枪响是怎么回事？"

我回答说："哨兵把我们当成敌人来了。"

毛主席说："就算是欢迎你们的吧！你们打得好！你们用极少量的兵力阻挡了大量敌军，为我们的行动争取到了宝贵的时间。这说明在敌人摸不清我们的行踪和实力时，我们的勇敢和智慧是可以以少胜多的。"

我把替毛主席看敌人的情况向支队领导汇报后，毛主席说："谢谢你们替我看到了敌人，辛苦了！快找地方吃饭休息。"

下午，有报告说：刘戡的部队已进入小河镇对面的山顶上。

一九四七年六月十日

九支队住在离小河镇三四十华里的靖边县田茨湾。刘戡不断派侦察兵四处寻找我军主力。

胡宗南的侦察飞机一天中几次在田茨湾上空飞过，就是找不到中央前委机关。

一九四七年六月十一日

我西北野战军主力在庆阳、西峰镇、环县、曲马、盐池、定边、靖边一带消灭马鸿逵部的两个团，将马的其他部队赶回宁夏，恢复了三边解放区。

中午，毛主席叫人把我找来，对我说："这几天休息恢复得怎么样？"

我对主席说："吃饱饭，睡个好觉就恢复过来了。"

毛主席说："刘戡的部队寻找中央前委机关在王家湾扑了个空，现从小河镇向延安方向撤走了。我想再给你一个连的兵力，尾追敌人，再打一仗怎么样？"

我一听又有仗打，精神来了，说："主席你下命令，我什么样的仗都敢打！"

主席说："我看你很勇敢，能打仗。王家湾一仗是阻击战，你敢于面对敌人以小量部队阻击了大量的敌军，仗打得漂亮。这次任务是采取灵活机动的游击战术，还是以小部队插到敌后去，在安塞、延安之间袭击、扰乱敌人，让敌军睡不好觉，吃不好饭，不得安宁，疲劳不堪。一方面进一步给刘戡造成错觉，搞不清我们到底有多少部队与他周旋；另一方面也是在实战中锻炼我们的警卫部队，更好地保卫党中央。你看如何？"

我听完主席一番话，感觉到主席又在决策什么大的战略行动。

我对主席说："我还是带一个加强排就够了，兵力如果不足，我还可以同各地游击队取得联系，必要时和他们配合行动。"

主席不等我把话说完就急着说："这次是插到敌后独立行动，兵力不足，打不痛敌人，还是带一个连去。一路上要机智灵活，打得了就打，打不了就走，走到一定时候寻找机会再打。你这次离开支队单独行动，还要注意依靠群众支援，离开了群众，成了无源之水，无本之木，那就寸步难行了。敌占区人民生活很艰苦，你们在与敌人周旋的空隙，可以搞点群众调查，了解一下群众生活情况和他们的情绪。"

我很认真地听完主席的指示，对主席说："请主席放心，我带一个连去，保证完成任务！"

毛主席接着说："把电台、骑兵带上，一定要保持和我们联系，随时把敌人的动向报告给我们。等你完成任务回来时，我们可能已经转移了，注意千万保持联络畅通。"

我最感欣慰的莫过于主席的信任。我对主席说："请主席放心，我这就去准备，争取明早出发。"

主席听了我的话说："不要急，一同吃中饭。吃了饭向恩来、弼时、定一同志报告一下，看他们还有什么意见。"

我和主席一同吃午饭，没有拘束，没有客套，一边吃，一边就我的任务执行细节进行进一步的讨论。

午饭后我即去周副主席、弼时、定一同志处向他们报告了主席交给我的任务。

周副主席仔细听完我的汇报，对我说："主席对胡宗南的战略是蘑菇战，对敌人采取拖打疲的战术，派你带小股部队出去执行任务，也是为这个总体战略服务的。"

任弼时同志表示赞同周副主席的意见，说："主席派你去敌后骚扰敌人，侦察敌情，是直接保卫中央前委安全的措施之一。"

定一同志接着弼时同志的话说："王家湾阻击战你们打得很好，为我们的转移赢得了时间。这次出去执行任务，我们相信你能顺利完成任务的。"

他们一致同意主席的意见，叮嘱我处事灵活，随机应变，保持和前委机关的联系。

汇报结束，我马上找到中央警卫团团长刘辉山、政委张廷祯商量派哪个连跟我一起去执行任务。

刘团长说:"我看三连去执行这个任务比较合适。连长惠金贤,陕北人,对当地情况熟悉,我们把三连的武器配备加强,多带些弹药,你看这样行不行?每排配备一挺轻机枪,每人带两颗手榴弹,每支步枪配发五十发子弹。再派五名骑兵担任前卫、侦察、联络。骑兵由排长宫东勋负责指挥,团部由张政委协助你工作,你看怎样?"

我轻声对张政委说:"张政委,你看刘团长的意见怎么样?"

张政委说:"我同意刘团长的意见。"

我看三人意见比较一致,接着政委的话说:"我同意刘团长的意见,另外请你们考虑一下,是否再派宣传、民运、参谋各一人随队前往,因为这次出去执行的不只是打仗的任务,还有宣传群众、组织群众的任务。非常高兴张政委能协助我一起指挥三连完成这次任务,不过呢,还要报告中央前委批准。"

和刘团长、张政委讨论完具体工作,我又回支队汇报,获同意。

一九四七年六月十二日

晨五时,我和张政委率领精干的全副武装的三连离开田茨湾,沿着敌军退路一路侦察前进,经过一天急行军,傍晚到达安塞县城郊宿营。

接近安塞县城时,我们抓到敌军掉队的伤兵。经盘问,他们说:"刘戡并未回延安,而是向保安方向寻找西北野战军主力去了。"

我们找来当地老乡证实伤兵的话是对的。我即与前委联络,将这一情况报告。很快前委复电示:"不要尾追敌人,而在安塞、延安之间开展游击活动。已电告安塞、延安地区有关游击队,配合你们行动。"

一九四七年六月十四日

延安地区的白专员召集我、张政委及延安、安塞、子长地区游击队负责人会议，讨论如何配合三连开展游击活动。

会上讨论的几个问题：

1. 各县游击队统一由汪东兴指挥开展游击活动。
2. 组织力量狠狠打击还乡团，制止他们迫害当地群众。
3. 部队粮食供应问题。

我们还分析了地形、敌情和当地群众的情绪，部署了几次战斗行动。

一九四七年六月十五日

有情况说延安董钊的留守部队派一个营的兵力护送两辆汽车的军用物资运到保安，我们决定在延安县境内的高家川伏击这股敌人。

我们三连和延安、安塞地区的游击队埋伏在高家川两侧，敌人有恃无恐进入川内。四十分钟的战斗，敌人被我们打成两截。前面敌人和一辆汽车仓惶逃向保安，后面的敌人和一辆汽车被我们密集的火力阻住，伤亡惨重。

汽车被击中起火，我们赶到汽车旁，发现汽车内有无线电台，车内敌人的译电员已被击毙，从他身上缴获到董钊部队通讯联络的密码本。我马上派两个骑兵火速将密码本送回前委。

我们迅速打扫战场，游击队将缴获的物资转移。

一九四七年六月十七日

侦察排长宫东勋带领侦察兵从高家川、西川莫家湾、枣园后沟一带侦察回来报告说，枣园只有敌军十二人留守。我决定当晚十时攻打枣园据点。

我和惠金贤边查看地形，边派侦察兵去侦察枣园敌人的住房、哨位以及是否埋有地雷等情况。

我们部署两个排的兵力埋伏在枣园通向杨家岭、延安方向的路边，准备打援敌，用一个排的兵力和延安县游击队攻打枣园。

一切安排就绪，接到前委来电：刘戡、董钊敌军定于明天途经高家川、安塞分两路返回延安。为防止你部遭敌人合击，迅速撤到安全地带。

执行前委指示，我们连夜撤离高家川，攻打枣园的计划未能执行。

一九四七年六月三十日

前委指示，你部抓紧时机全力保护和帮助当地群众麦收。

三连全体官兵除站岗放哨的以外，配合安塞、延安地区政府组织群众抢收麦子。十天内共收麦子八百余担（每担三百斤）。受到当地群众盛赞。

为了保护群众能及时将抢收的麦子晒干、运走，坚壁起来，防止敌人抢走，我们三连发挥了正规武装的优势，打跑、赶走了企图抢麦子的还乡团。

有了粮食，战争的胜利才有保障。兵马未到，粮草先行。敌我双方对麦子给予同样重视，展开你死我活的斗争，但由于我们的斗争，麦收任务顺利完成。

一九四七年七月十二日

前委来电说：要我部归队。我们要走的消息很快在群众中传开了，纷纷来三连打听我们什么时候走。要为我们开欢送会。群众的心意我们非常理解，但我们身处敌后，大张旗鼓地搞欢送，难免暴露目标，会给群众带来不良后果，所以我们坚决不同意开欢送会。

延安、安塞的群众把我们当成自己的亲人，舍不得让我们走。三连在敌后开展游击活动，使群众生活的安定有了保障。我们对敌人的打击，使得敌人不敢轻举妄动。看到人民群众这样拥戴人民军队，再一次证明毛主席的"兵民是胜利之本"的论断英明。

一九四七年七月十三日

一大早，安塞县的群众就把一头喂在山洞里的猪杀了送到三连慰劳部队。

我和惠连长急忙迎出，表示："现在群众生活相当艰苦，我们坚决不能收。"送猪来的老乡齐声喊："不收下，我们回去也交代不了，不收下，我们就不走！"

我和惠连长商量了一下，对老乡说："那就作价付钱喽。"

老乡们纷纷地说："钱我们不能收。"

一位老乡走出来对我们说："你们保护我们收麦子，赶走了还乡团，把缴获的军用物资发给我们。你们和我们是一家人，我们怎么能收一家人的钱呢？"

惠连长说："我们是人民的子弟兵，来自于人民，真心实意地为人民做事。毛主席、党中央早就给我们人民军队规定了三大纪律八项注意，我们必须遵守。老乡们给我们送来的东西我们不能收，如果再不付钱，我们就犯纪律了，那就对不住乡亲们对我们的心意了。"

经过反复宣传解释，老乡们终于同意我们付钱。

晚上延安县的群众又送来一千多斤麦子，口口声声要我们带给毛主席吃。面对这么好的群众，我们感动得不知说什么好。老乡们几十里送粮的盛情我们实在推辞不掉，我们硬是说服他们收下钱，表示一定把延安地区人民群众的心意带给毛主席。

一九四七年七月十四日

为了不惊动群众，天未亮，我们就集合队伍准备出发了。

谁知还是有不少老乡赶来送行，有的老乡紧紧拉着我们的手，流着眼泪对我们说："请毛主席多多保重。"部队出发走出去很远，回头看时还有群众站在村口不肯回去。

一九四七年七月十六日

经过两天行军，今天到达前委驻地——小河镇。

我刚把队伍整理好，任弼时、叶子龙、廖志高、刘辉山同志就来到三连队伍前面欢迎我们。

任弼时同志一一握着同志们的手，高兴地说："同志们辛苦了，祝贺你们出色地完成了任务。我们代表全支队的同志欢迎你们。"

我向来迎接我们的领导同志简要汇报说："我们遵照毛主席及支队领导的指示，从六月十二日由田茨湾出发到今天归队，共在敌后战斗工作了三十四天，全连同志都表现得很好。"

任弼时同志继续说："你们用打击敌人的战斗保卫了支队的安全，同时你们自己也经历了艰苦斗争的锻炼，支队领导对你们很满意。"

连续两天的行军，每个战士的负重不小，简单的欢迎一结束，我马上让战士们回去休息待命。

一九四七年七月十七日

下午，我向毛主席汇报工作。

毛主席一见我就说："欢迎你回来，怎么样？看你这副样子很疲劳，又掉了不少肉吧？"

我说："这次主席派我单独带队伍出去执行任务，对我又是一次考试。这次出去三十四天，仗打得不多，大部分时间是帮助和保护老乡收麦子。"

毛主席笑着说："你这次带小部队深入敌后，插到延安附近的枣园地区，该打的仗打了，不该打的就坚决不能打。不要以为仗打得不多，任务就完成得不好。你们帮助和保护群众收获了八百多担麦子，这同消灭八百个敌人一样重要。你们这次深入敌后开展的活动，一方面了解了敌情，另一方面也更深入地了解了敌后的民情，任务完成得很好。"

我听主席这样评价我们的这次任务，心里很受鼓舞，对主席说："延安、安塞地区的人民群众非常想念和关心毛主席和党中央领导同志的健康、安全，要我们回来好好保卫你们，还非要我们给你们带来了新收的麦子。"

主席说："人民群众对我们这样关心和爱护，是非常感人的，你们付钱了没有？"

我对毛主席说："我们坚决不肯收，但老百姓的真情实意实在是抵挡不住，只好作价付款才收下的。"

毛主席听了我的话，哈哈地笑了。他忽然想起什么，对我说："你这次执行任务，还做了一件大好事。还记得你派人送来的董钊的那个密码本吗？这个密码本缴获得太及时了！它对我们截获敌军无线电报的破译工作起了很重要的作用。"

真没想到顺手缴获的密码本还有这么重要的作用。

主席接着对我说："向支队其他同志汇报过没有？"

我说："还没有详细汇报过。"

主席说："先向他们详细汇报一下你们这次任务执行的情况，然后让他们给你介绍一下你不在的这段时间全国及支队的整体情况。

另外，注意好好休息。"

从主席住的窑洞出来，感觉浑身的疲劳已烟消云散。

一九四七年七月二十日

叶子龙同志找我介绍情况。

叶子龙同志对我说："你出去执行任务期间，支队的领导班子有所调整。九支队原司令任弼时同志、原政委陆定一同志都不再担任了。由周恩来同志兼任九支队的司令和政委，今后凡有关支队的各项工作都应先向周副主席报告。"

我听完他的介绍，站起身对叶子龙同志说："那我去周副主席那里汇报工作。"

叶子龙同志说："你向主席汇报的大体情况，主席跟周副主席讲了。周副主席让我告诉你，他还想听你汇报一次，顺便把你不在的这段时间的情况告诉你。过两天，周副主席会安排时间听你的汇报。"

我这个人是个急性子，再急也得等周副主席有时间才能去找周副主席，否则干扰了首长们的工作是不好的。

一九四七年七月二十二日

下午周副主席派人通知我去汇报工作。

我向周副主席详细汇报了我带三连去延安、安塞地区开展游击活动的情况。

周副主席听完我的汇报，他说："你这次出去任务完成得很好，关于支队领导班子调整的事情，叶子龙同志告诉你了吧？"

我说："子龙同志已告诉我了。"

周副主席说："那就好，我把中央前委的一些情况向你介绍一下。"

"六月十六日，毛主席与中央前委由田茨湾返回小河镇。

"这几天中央正在小河镇召开会议，毛主席、任弼时、彭德怀、贺龙、陈赓、陆定一、杨尚昆、习仲勋、马明方、贾拓夫、王震、张宗逊、张经武、胡乔木等同志都参加了会议。这次会议主要讨论我们人民解放军由战略防御转向战略反攻的问题。现在全国范围内，我军要由内线作战转入外线作战，组织几次大的战役消灭敌人有生力量，我们要逐步打到蒋管区去。"

我听周副主席讲到这里，精神非常振奋。

周副主席接着又向我介绍了全国战场上的形势。

周副主席说："彭德怀同志率领的西北野战军遵照毛主席提出的'蘑菇战术'，在清涧、子长、蟠龙之间与敌人周旋，使敌人陷于十分疲劳和十分缺粮之中，迫敌一三五旅四千七百余人，由子长南下进至羊马河地区，被西北野战军预先埋伏的主力四个旅一举全歼。此仗以后，西北野战军牵着敌人的鼻子一个劲地在陕北转悠，敌人转得晕头转向，被西北野战军在蟠龙镇狠狠地揍了一下。

"晋察冀野战军在聂荣臻、徐向前同志的率领下，以三个主力纵队在正太沿线对敌发起攻势。五月四日先后攻克石家庄外围的正定、新安、栾城及正太路上的获鹿、井陉、阳泉、寿阳、孟县等县城，消灭敌三十三军大部、敌一军一部和敌地方武装共三万五千余人，孤立了石家庄之守敌，打通了晋察冀和晋冀鲁豫两解放区之间的联系。

"东北野战军在林彪、罗荣桓同志的率领下对敌人发起夏季攻势。六月十一日至七月一日为攻势的第二阶段，先后攻克怀德、梅河门、乌拉街等地。夏季攻势是东北野战军转入战略性反攻的重要标志。

"华东野战军在陈毅、粟裕同志率领下以五个纵队的优势兵力，

1947年，毛泽东转战陕北途中。

在孟良崮山区，经过三日激战，于五月十六日将敌整编第七十四师三万二千余人全部歼灭。该敌是蒋介石'五大主力'之一，美式装备精良，为进攻山东解放区之敌的骨干。七十四师的被歼对蒋介石是一个沉重的打击，迫使华东敌人在近四十天内不敢出动。

"六月三十日，刘伯承、邓小平率领野战军主力五个纵队十三万余人从临集至张秋镇三百余里地段上强渡黄河，揭开了战略进攻的序幕，发起了鲁西南战役。"

周副主席兴致勃勃，如数家珍，一口气向我介绍了这么多胜利的好消息后对我说："毛主席是伟大的军事家。他用敏锐的战略眼光及时抓住整个解放战争的全局，不让敌人有喘息的机会，果断做出了'大举出击，经略中原'全面转入战略反攻的英明决策。毛主席指出要我军主力由内线打到外线，将全国的解放战争引向国民党统治区。要在全国的战场上大量消灭敌人有生力量；彻底打破敌人对我解放区的'清剿'。"

一九四七年七月三十一日

西北野战军由绥德北上榆林。

一九四七年八月一日

九支队开始转移,今天由小河镇到达青阳岔。

一九四七年八月二日

九支队由青阳岔到达火石山。

一九四七年八月三日

我们由火石山到达肖崖子。

一九四七年八月四日

九支队一路行军,今天由肖崖子到达巡检寺。

接到命令,在此休息三天。

一九四七年八月六日

有消息西北野战军在榆林外围打响。

一九四七年八月七日

西北野战军已肃清榆林外围,完成对榆林城的包围,准备攻城。

蒋介石今日飞抵延安,紧急召见胡宗南、裴昌会。

一九四七年八月八日

九支队开始转移,由巡检寺到达李家崖。

一九四七年八月十日

九支队在李家崖休整一天，今天到达黄家沟。

一九四七年八月十一日

蒋介石在延安与胡宗南、裴昌会商议部署增援榆林和围歼九支队的作战计划。

蒋介石命二十二军坚守榆林待援，绝对不能失守，否则将对陕北战局造成极为不利的影响。

蒋介石令胡宗南整编第一军董钊、第二十九军刘戡部共八个旅，分两路向绥德、佳县急进"追剿"九支队。

蒋介石命整编第三十六师轻装迅速由靖边经横山绕过长城，直扑榆林增援。

有消息不断报告，敌第一军、第二十九军今天已分别进至青阳岔、瓦窑堡。按蒋介石的战略在榆林、米脂、佳县三角地带歼灭我西北野战军和九支队，或把我们九支队逼过黄河，以解榆林之围。

一九四七年八月十二日

毛主席、周副主席、任弼时、彭德怀同志紧急商议敌情。

决定西北野战军撤出榆林，在榆林、米脂间休整待命。

由九支队把敌人引过来。九支队每天急行军，给敌人造成欲过黄河的假象。

一九四七年八月十三日

九支队急行军由黄家沟到达延家岔。

一九四七年八月十四日

由延家岔到达井口坪。

一九四七年八月十五日

由井口坪到达陈家岔。

一九四七年八月十六日

由陈家岔到达曹家庄。

一九四七年八月十七日

侦察兵来报告：敌刘戡部行进很快，已进到神泉堡，占领佳县县城。这时九支队正处佳沪河的南岸，与敌人相距只有十五华里。

敌情紧急，天正下着大雨，山洪暴发，河水暴涨，九支队一步不能停留，警卫团的战士不顾一切跳下河去，用临时找来的木板和木头搭起一座木桥，让九支队通过。同志们快步过桥，大家只有一个信念，甩掉敌人，保卫毛主席，跑过敌人就是胜利。

雨夜急行军，由曹家庄到达白龙庙。

一九四七年八月十八日

一路急行军由白龙庙到达杨家园子。

一九四七年八月十九日

由杨家园子到达梁家岔。

一九四七年八月二十日

一路急行军，我们在前面紧走，敌人在后面紧追。毛主席利用刘戡对陕北地形不熟悉的弱点，把敌人紧紧吸引住，到了曹家庄突然改变方向，由原向东，突然改向北走佳沪河又转向西。敌人真的以为我们要过黄河，抢占佳县准备在黄河边上消灭九支队。

敌人在毛主席的调动下真的上当了。

毛主席和彭德怀同志指挥的沙家店战斗打响了。

沙家店的守敌是敌整编三十六师，师长钟松自以为援助榆林有功，共军怕他，骄狂异常，他竟远离主力，率师部及一六五旅孤军冒进，扬言靠他自己的力量就足以"结束陕北战争"。

拂晓，西北野战军的一、二纵队在毛主席、彭德怀同志的指挥下，向空虚的沙家店发起攻击。

下午二时，西北野战军的教导旅和新四旅对进至常高山地区的敌一二三旅发起攻击。同时西北野战军第三纵队在乌龙铺以南随时准备阻止刘戡的增援。

黄昏，沙家店被我军攻下，整个沙家店战役使敌三十六师师部及其两个旅被歼灭，旅长刘子奇被俘。这一仗共歼敌六千余人。

消息传来，九支队上下为之欢呼。毛主席高兴地说："这一仗打得好！马上给西北野战军彭德怀司令发电表示祝贺。这一仗使钟松的'结束陕北战争'的牛皮变成了'结束他自己'，骄兵必败，古来如此。"

毛主席用兵挥刃有余，想在哪里打敌人，就在哪里打胜仗，胡宗南的部队乖乖地听从毛主席的调遣。

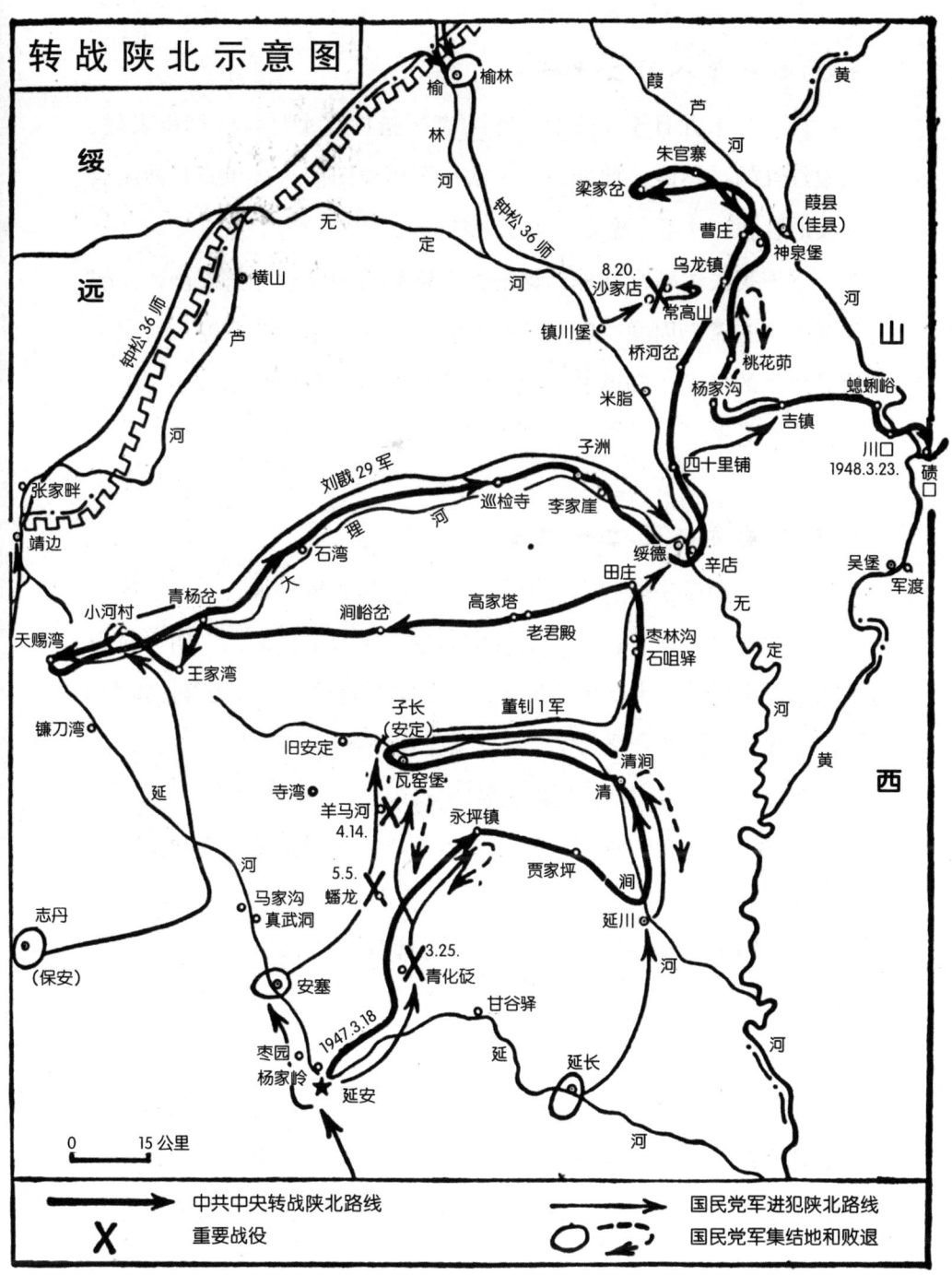

一九四七年八月二十一日

自八月十九日至二十日,毛主席为指挥我军打仗,彻夜未眠,双眼红红的,不停地抽烟,有时站在军用地图前久久思索。沙家店一仗的胜利,使毛主席安心睡了一觉。

下午我去主席窑洞外巡视是否大家都特别注意保持安静,没想到却看到主席、周副主席、任弼时同志正在一起商议问题。看主席谈笑风生的样子,知道主席这一觉睡得不错,我们几个人会心地笑了,悄然退去。

一九四七年八月二十二日

下午,周副主席找来叶子龙、廖志高和我指示说:"沙家店一仗打得很好,歼灭了敌人大量有生力量,大家都很高兴。明天我们要去彭总那里参加干部大会庆贺,子龙同志同我们一起去开庆祝会,东兴、志高同志留守梁家岔,这样安排你们看怎么样?"

子龙同志说:"同意周副主席的安排。"

周副主席说:"你们分别通知各单位负责同志搞好去和留的警卫工作。"

根据周副主席的指示,我们分头安排布置工作。

一九四七年八月二十三日

毛主席、周副主席、任弼时、陆定一、胡乔木、叶子龙同志前往西北野战军司令部驻地佳县前车原村,参加在那里举行的旅以上干部庆祝大会,毛主席在会上作了重要讲话,会议由彭德怀同志亲自主持。

中午,叶子龙同志给我来电话说:"会已经结束,我们现在启程返回梁家岔。毛主席刚才指示说,回到梁家岔就不再进房休息了,让你们把部队集中好待命,准备行动。"

我对叶子龙同志说:"下一个宿营地有没有变化?如果有变化,我先派人打前站。"

子龙同志说:"没有变化,照原计划执行。"

下午五时左右,主席、周副主席、任弼时同志回到梁家岔。毛主席下了马散了十几分钟步就又上马行进了。

今天又是夜行军,四周被黑暗包围着,分不清地形地物。主席总是询问还有多远?我感觉到主席是累了,经询问后我告诉主席:"大约还有十里左右。"

我们来到朱官寨村口,主席说什么也不肯走了。原来号下的支队司令部的房子还在沟里头,离村口还有三里路。我赶紧到村边打探,幸好村边有一排三个窑洞住着一家当地老乡。我赶忙进去向老乡们说明情况,老乡很明事理,马上让出两个窑洞给我们住。

主席实在是太累了,简单洗了一下就休息了。

一九四七年八月二十四日

天一亮,我就和子龙同志在朱官寨村里寻找适合主席、周副主席、任弼时同志的住房。

我们在村东面的山沟里找到并排五个窑洞比较适宜。周副主席起来后,我们向他汇报了这个情况。周副主席说:"等主席起来问问他看,如果暂时不走的话,就请主席搬过去住;如果马上要走就算了。"

我和子龙同志坐在山坡上等主席醒来,我问子龙:"昨天主席在西北野战军干部祝捷会上讲了些什么?"

子龙说:"毛主席说,打胜沙家店这一仗非常重要。这一战役的胜利标志着西北野战军由内线作战转到外线作战，由战略防御转到战略反攻，这是西北战场的一个重要转折点。这一仗胜败与否很关键。沙家店战役胜利以后将使陕甘宁边区的整个战争形势迅速发生根本的变化。"

正说着，一架敌侦察机飞来，我们结束谈话，快步隐蔽起来。

敌机飞了一圈，很快就飞走了。主席仍然睡着。参谋处的丁农、徐业夫、车平度、刘长明等同志和我一起谈论沙家店的战斗情况。

丁农说："那天听到沙家店方向传来的枪炮声就像炒豆子声。"

车平度说："像过年放鞭炮。"

徐业夫说："那是彭总打胡宗南的板子声。"

大家随便笑着，随便说着。

叶子龙说："你们说得好，笑得好，就是没亲眼看到。"

这时候，毛主席醒了。周副主席派人来叫值班参谋过去。

子龙和我一起过去，来到主席住的窑洞。主席睡得不错，精神奕奕又在查看地图。

周副主席看到我们进来，对我们说："我刚才和主席商量过，暂时不走了，你们通知一下各大队安排好住房，住下后就开始工作。"

我对周副主席说："我们已做好走与不走的两种准备。现在决定不走，主席和你的住房要调换一下。"

周副主席问："离这里远不远？"

我回答说："离这里不到二百米。"

周副主席说："带我去看一下。"

我们和周副主席一起到山沟里看好的窑洞处查看了情况，周副主席认为比较适宜，同意我们换房的意见。

我们随即带人把窑洞打扫好，按主席的工作、生活习惯布置停当。

晚饭后，毛主席、周副主席、任弼时、陆定一、胡乔木等同志

毛泽东在陕北佳县朱官寨的住所查看地图

搬入新换的窑洞,又开始紧张的工作了。

一九四七年八月二十五日

在今天召开的九支队各大队和支队直属队、处、科室干部会议上,周副主席对西北战场的作战形势作了重要讲话。

周副主席说:"西北战场的斗争形势,在毛主席战略思想的指导下有了一个很大的发展。

"自今年八月六日开始,我西北野战军攻打陕北重要城市榆林,吸引胡宗南部队北援。不久我们即得知胡宗南部主力刘戡、董钊、钟松分别北上增援榆林。刘戡部于八月十六日由瓦窑堡以东的永坪镇进入绥德,十七日到达义合;董钊部于八月十七日进入清涧境内;钟松率五个团和三十六师师部由靖边经横山直援榆林;他们准备在乌龙铺合击我军。

"八月九日毛主席分析敌人的动向后，在李家崖与彭总商议决定：西北野战军大部主力撤出榆林，迅速转移至归德堡至镇川堡一线，控制无定河两岸，待机而动。与此同时，毛主席率领我们九支队牵制刘戡之敌，昼夜兼行，夜过无定河，佯装过黄河之举，经过十几天的急行军，到底把敌人引上了钩。这一段急行军，大家是感到累，天天行军，风雨无阻，吃不上饭，睡不好觉，但我们跟着毛主席和党中央，以我们的行军转移掩护了西北野战军的战略转移，使他们能于八月二十日在沙家店一举消灭了胡宗南部钟松的三十六师。

"沙家店一仗，西北战场这一盘棋被毛主席走活了。我西北野战军开始转入战略反攻，由被敌人追着打，转入主动寻找敌人打，西北战场开始由延安向延安附近及延安以南转移，胡宗南再想北进只能是白日做梦了。

"由于时间关系我今天先讲到这里。你们各单位回去分别组织学习讨论，主要是领会毛主席战略思想的正确，在学习讨论中如有什么问题可以随时提出，我负责解答。"

我听着周副主席的讲话，回想着支队前些日子的军事行动，似乎明白了不少。

一九四七年八月二十六日

支队直属大队学习讨论会。

参加学习讨论周副主席讲话的同志发言非常热烈。

有的同志说："周副主席的讲话是对毛主席军事思想的理解和生动体会，听了周副主席的讲话，对中国革命的胜利充满信心。"

有的同志说："沙家店一仗的胜利意义很大，标志着西北战场的战略转折。"

还有的同志说:"西北野战军按照毛主席制定的'蘑菇战术'牵着敌人的鼻子,让他们往哪儿走,他们就往哪儿走;把敌人拖得疲惫不堪,然后寻找机会,想在哪里打他们,就在哪里歼灭他们。"

我接着大家发言说:"支队十几天的急行军非同一般。我就感到主席又要有较大的军事行动。听了周副主席的讲话,进一步对我们支队的军事行动与全局的战略军事行动的关系有了更明确的理解。毛主席真是英明!"

一九四七年八月二十七日

下午支队直属大队继续学习讨论。

讨论前,先组织大家学习毛主席关于第二次国内革命时期和抗日战争时期的有关论述。红军在第二次国内革命战争中的反敌人几次"围剿"革命根据地的斗争中,八路军、新四军在抗日战争中反日军"扫荡"斗争中,都曾成功地采用了毛主席"诱敌深入"、"集中优势兵力在运动中歼灭敌人"的战略战术,取得了消灭敌人、保存自己的胜利。

今天毛主席又丰富和发展了自己的战略思想,他详细掌握敌情,洞察蒋介石急于消灭我军,把进攻重点放在延安的企图是想消灭我军首脑,消灭我军主力,达到他统治全中国的目的。毛主席善于分析敌情,善于总结经验,他把敌我双方的兵力作了比较,把保卫延安和陕甘宁边区的斗争与解放全中国的斗争之间的关系进行了正确的分析,作出了正确的判断。

毛主席说:"撤出延安,诱敌深入,让敌人占地盘,背包袱,而我们则可以轻装上阵,在运动中寻机消灭敌人。"

我西北野战军在青化砭、羊马河、蟠龙镇、沙家店几次战斗中取得的胜利充分证明了毛主席的军事思想的正确。

一九四七年八月二十八日

继续学习讨论。

同志们说:"从西北战场发展形势看,比原来预料的还要快些。一方面人民解放军在西北战场节节胜利,军心民心大振;另一方面西北野战军的人数不断增加,武器装备有蒋介石这个运输大队长不断运来,得到较为充足的补充。"

记得毛主席说过:"存人失地,人地皆存;存地失人,人地皆失。这是显而易见的。我们打仗就是要俘虏他的兵,缴获他的武器,消灭他的有生力量,来壮大我们自己。"

毛主席说的话真是千真万确,大家心服口服。

讨论中大家纷纷建议请周副主席在百忙中,再给我们讲讲用毛主席的军事思想指导全国其他战场战斗情况,讲讲全国解放区的斗争情况,同志们多么希望听到全国战场上的胜利消息。

一九四七年八月二十九日

下午,叶子龙同志和我向周副主席汇报支队直属大队学习讨论情况,并向周副主席反映了同志们的请求。

周副主席听完我们的汇报说:"看来你们学习讨论的情况不错。请你们先告诉廖志高同志,让他把其他单位的学习讨论情况收集一下,统一向我汇报。关于全国战场形势过几天我考虑一下再决定讲不讲。"

一九四七年八月三十日

上午,陕甘宁边区政府粮食局的负责同志来支队讨论支队的粮食、草料供应问题。

粮食局的同志对叶子龙、廖志高同志和我说："目前粮食、草料的供应日趋紧张，就近解决已很困难，只能到较远的神木去筹集，但路远，运力不足，怕赶不上供应。最近我们集中收购了一些黑豆、早熟的土豆准备先供应给你们应应急，你们看行不行？"

粮食问题的确很困难，粮食局的同志已经尽了最大努力。

我们表示说："非常感谢边区政府和边区人民对我们的关心。我们很了解现在粮食供应的困难情况，在全支队提倡节约每一粒粮食。我们已经要求全支队的所有同志每天只吃两顿黑豆子饭，并且是不去皮煮着吃（包括毛主席、周副主席等领导同志都要求自己这样做）。支队吃的菜都是同志们在荒山坡里挖来的野菜，大家吃得很香。请你们放心，我们全体同志能体谅地方政府的困难，有什么吃什么。我们与你们同甘苦，共患难，克服暂时的困难。关于运粮的困难，我们支队将抽出部分骡马和人力帮助你们去运。"

粮食局的同志听了我们一番话，对我们对他们困难的理解表示感谢，对毛主席、周副主席、任弼时同志也同大家一样吃黑豆、咽野菜又深感不安。

我们一起研究了运粮的具体安排，他们放心地离去了。

一九四七年八月三十一日

根据昨日与边区政府粮食局同志商定的结果，今天全支队抽出四十匹骡马、毛驴和一部分人员，跟随粮食局的同志去神木将一部分粮食运回支队。

一九四七年九月一日

粮食问题的确是个大问题。

下午我们向周副主席汇报了支队粮食的供应问题。

周副主席听完我们的汇报后，考虑了一会儿说："粮食问题是个非常重要的问题，首先是吃饭问题，还有一个营养问题。吃不饱，营养不足，是要影响战斗力的。你们考虑一下是否花点钱买些羊肉或活羊改善一下生活。因为缺少油水，粮食就吃得很多。现在是整个黑豆子煮着吃，嚼不动，不好消化，营养也太单调。你们看是不是搞些羊肉与黑豆一起煮，这样饭菜都有了，营养好一点，还可能把粮食节省一点。"

我们听了周副主席的建议，都觉得是个好办法。从周副主席那里一回来，马上布置各单位设法买羊。

一九四七年九月二日

各直属单位的食堂不约而同都摆起架势，宰活羊。大家按周副主席出的主意，把羊肉和黑豆一起煮，支队驻地一阵肉香飘过，馋死人了！

开饭了！眼看着大家拿着碗筷去领饭，好家伙，好久不见肉腥，今日一吃，分外香甜。饭吃完了一算账，平日每顿吃的黑豆子的分量再加一只二十多斤重的肥羊一起煮出来的饭给吃得精光，不但没有省下粮食，还赔了一只羊。司务长的眼睛都大了。明天还给羊吃吗？

一九四七年九月三日

羊还有，支队决定再试一天。

上午一顿黑豆量还保持不变，再加一只羊一起煮来吃，结果吃得香喷喷的又是精光。

晚上一顿照旧，这下吃不动了，剩下三分之一。

吃肉能省粮，周副主席的建议证实是有效的。我们几人与行政处的同志们商量，在粮食供应不足的情况下，可根据支队财力适当增加肉食，一来节约粮食，二来增加营养。

一九四七年九月四日

按照事先安排，周副主席今天给全体人员讲战争形势。

周副主席讲话前问大家："这两天伙食改善了一下，我听说你们都吃饱吃少了？"

大家哈哈大笑，热烈鼓掌。看来吃饱吃好对部队的情绪有很大的影响，我觉得这掌声听着很有分量。

周副主席挥了挥手，让大家静下来，说："今天主要给大家讲一讲全国的战况和形势。

"目前全国的形势对我军非常有利，各解放区、各野战军打了很多胜仗。有的正在整训。中原野战军在刘伯承、邓小平同志的率领下于六月三十日夜里，从范县到张秋镇在东西长三百华里的几个区段，在猛烈的炮火掩护下，全军十三万人，强渡过了黄河，打响了鲁西南战役。经过二十八天的连续作战，共歼敌四个整编师部、九个半旅六万余人，迫使敌人从山东、西北和中原等地调动十七个半旅增援鲁西南，打乱了敌人的部署，有力地配合了山东和西北战场我野战军粉碎敌人重点进攻的作战。八月七日，刘邓大军分三路秘密南下，开始了千里挺进大别山的壮举。他们连续急行军，越过陇海路，渡过涡河、黄泛区，渡过颍河、沙河、洪河、汝河、淮河，粉碎了敌人的追击堵截，克服了重重困难，于八月二十七日到达大别山，胜利完成了千里挺进中原的任务。接着，他们迅速实施战略展开，横扫大别山周围县市的保安团队，发动当地群众，创建新的根据地。毛主席于八月六日指出：'我刘邓大军出动后有三个前途：一是付出了代价站不住脚，退回来；二是付出了代价站不住脚，在周围打游击；三是付出了代价站稳了脚。你们要作好充分的思想准备，从最坏处着想，力争最好的前途。'刘伯承、邓小平同志率领野战军在大别山地区站稳了脚，取得了毛主席战略预见的最好前途。

"八月二十二日，陈赓、谢富治同志率领八万余人，由晋南与豫北交界处之垣曲、济源间和茅津渡以东地段渡过黄河，挺进豫西。蒋介石急令胡宗南主力由陕北米脂、绥德地区南撤，妄想拦阻陈谢。这支野战军右路军经过连续作战，割断胡宗南与顾祝同两个集团的联系，有力配合了刘邓和西北野战军的作战。他们消灭了大量中原敌人，攻克了十余座县城，发动了群众，开辟了豫鄂陕新的根据地。

"八月底以后，以陈毅、粟裕同志率领的华东野战军主力为左路军，挺进苏鲁豫皖地区，有力地配合刘伯承、邓小平同志率领的中原野战军的突破，挺进大别山。毛主席的战略决策就是把主力打到外线去，将战争引向国民党区域，毛主席根据敌我双方主客观条件，把战略进攻的目标定在中原地区的大别山。中原地区东临津浦路，西依汉水，南濒长江，北枕陇海线，物产丰富，具有重要的战略地位。大别山位于国民党首府南京与长江中游重镇武汉之间的湖北、河南、安徽三省交界处，是敌人战略上最敏感又最薄弱的地区。如果我军一举占领大别山地区，就可以东震南京，西挟武汉，南控长江，北瞰中原，从而像一把利剑插入敌人的心脏。

"毛主席在战争中气势恢弘的指挥艺术，令蒋介石着实慌了手脚，西调东迁，弄得措施混乱，指挥失灵。全国的战事正向着越来越有利于我军的形势发展。"

一九四七年九月五日

支队直属队讨论周副主席关于全国战场形势的讲话。

正在讨论发言中，叶子龙同志来告诉大家，明天支队团以上干部传达毛主席的《解放战争第二年的战略方针》重要文章。今天的讨论暂停，待明天传达完后一起讨论。

一九四七年九月六日

今天上午支队团以上干部开会传达毛主席为中共中央起草的对党内的指示，这个指示共分八个问题。

毛主席在指示中说："第一年作战（一九四六年七月至一九四七年六月）歼灭敌正规军九十七个半旅，七十八万人，伪军、保安队等杂部三十四万人，共计一百十二万人，这是一个伟大的胜利。这一胜利，给了敌人以严重打击，在整个敌人营垒中引起了极端深刻的失败情绪，兴奋了全国人民，奠定了我军消灭全部敌军、争取最后胜利的基础。"

毛主席接着说："第一年作战，敌人以二百四十八个正规旅中的二百十八个旅一百六十多万人，近百万的特种兵（海军、空军、炮兵、工兵、装甲兵），以及伪军、交通警察部队、保安部队等，向我解放区大举进攻。我军正确地采取战略上的内线作战方针，不惜付出三十余万人的伤亡，大块土地的被敌占领，使自己随时随地立于主动地位，因而争取了歼敌一百十二万人，分散了敌军，锻炼和壮大了我军，并且在东北、热河、冀东、晋南、豫北举行了战略性的反攻，收复和新解放了广大的土地。"

毛主席指出："我军第二年作战的基本任务是：举行全国性的反攻，即以主力打到外线去，将战争引向国民党区域，在外线大量歼敌，彻底破坏国民党将战争继续引向解放区、进一步破坏和消耗解放区的人力物力、使我不能持久的反革命战略方针。我军第二年作战的部分任务是：以一部分主力和广大地方部队继续在内线作战，歼灭内线敌人，收复失地。"

毛主席又指示说："我军执行外线作战，将战争引向国民党区域的方针,当然要遇到许多困难。因为到国民党区域创立新根据地需要时间,需要在多次往返机动的作战中大量歼灭敌人、发动群众、分配土地、建立政权、建立人民武装之后,方能创立巩固的根据地。在这以前,困难将是不少的。但是,这种困难能够克服和必须克服。因为敌人将被迫更加分散,有广大地区作为我军机动作战的战场,可以求得运动战;那里的广大民众是痛恨国民党拥护我军的;虽然部分敌军仍然有较强的战斗力,但一般的敌军士气比一年前低落得多,其战斗力比一年前削弱得多了。"

毛主席说:"到国民党区域作战争取胜利的关键:第一是在善于捕捉战机,勇敢坚决,多打胜仗;第二是在坚决执行争取群众的政策,使广大群众获得利益,站在我军方面。只要这两点做到了,我们就胜利了。"

毛主席分析说:"敌军分布,到今年八月底止,连被歼灭和受歼灭性打击者都算在内,南线一百五十七个旅,北线七十个旅,国民党后方二十一个旅,全国总数仍是二百四十八个旅,实际人数约一百五十万人;特种部队、伪军、交通警察、保安部队等约一百二十万人;敌后方军事机关非战斗人员约一百万人;敌全军共约三百七十万人。……国民党在美国援助下,今年计划征兵一百万补充前线并训练若干新旅和若干补充团。但是,只要我军能如第一年作战平均每月歼敌八个旅,在第二年再歼敌九十六至一百个旅(七、八两月已歼敌十六个半旅),则敌军将进一步大受削弱,其战略性机动兵力将减少至极度,势将被迫在全国一切地方处于防御地位,到处受我攻击。国民党虽有征兵百万训练新旅和补充团之计划,也将无济于事。其征兵纯用捕捉和购买方法,必难达到百万,而且逃亡甚多。我军执行外线作战方针,又可缩小其人力资源和物质资源。"

毛主席分析完敌之部队的情况后说:"我军作战方针,仍如过去所确立者，先打分散孤立之敌，后打集中强大之敌。先取中小城市和广大乡村，后取大城市。以歼灭敌人有生力量为主要目标，不以保守和夺取地方为主要目标；保守或夺取地方是歼敌有生力量的结果，往往须反复多次才能最后地保守或夺取之。每战集中绝对优势兵力，四面包围敌人，力求全歼，不使漏网。……一方面，必须注意不打无准备之仗，不打无把握之仗，每战都应力求有准备，力求在敌我条件对比上有胜利之把握；另方面，必须发扬勇敢战斗、不惜牺牲、不怕疲劳和连续作战（即在短期内接连打几仗）的优良作风。必须力求调动敌人打运动战，但同时必须极大地注重学习阵地攻击战术，加强炮兵、工兵建设，以便广泛地夺取敌人据点和城市。一切守备薄弱之据点和城市则坚决攻取之，一切有中等程度的守备而又环境许可之据点和城市则相机攻取之，一切守备强固之据点和城市则暂时弃置之。以俘获敌人的全部武器和大部兵员（十分之八九的士兵和少数下级官佐）补充自己。主要向敌军和国民党区域求补充，只有一部分向老解放区求补充；特别是南线各军应当如此。在一切新老解放区必须坚决实行土地改革（这是支持长期战争取得全国胜利的最基本条件），发展生产，厉行节约，加强军事工业的建设，一切为了前线的胜利。只有这样做，才能支持长期战争，取得全国胜利。果然这样做了，就一定可以支持长期战争，取得全国胜利。"

毛主席的指示最后说："以上是一年战争的总结和今后战争的方针。望各地领导同志传达给军队团级以上、地方地委和专署以上的各级干部，使大家明白自己的任务而坚决地毫不动摇地执行之。"

一九四七年九月七日

今天开始集中时间学习讨论毛主席为中共中央写的党内工作指示。

凡是听了传达的同志，认真回忆了毛主席指示的内容，大家都感到毛主席对敌情的分析很精确；对人民解放军和解放区的任务，布置得严谨而明确，特别是转到外线作战的方针、政策更是细致具体，把消灭敌人有生力量作为我人民解放军的主要作战目标，对中国革命现时进行的解放战争具有非凡的历史意义。大家的讨论是很认真的，纷纷表示要认真学习，提高认识，坚决贯彻执行。

一九四七年九月八日

今天继续讨论学习。

学习毛主席指示的本身对我们就是一次重要的政治教育。毛主席博学多才，像我们这样在党中央、毛主席身边，能随时听到、学到毛主席的指示，是我们一生的荣幸。

今天讨论的重点落在结合我们担负的保卫毛主席、保卫党中央、保卫中央前委安全的警卫工作上，在讨论发言中，同志们看着毛主席亲笔写的指示，都表示要更加努力工作，以实际行动完成好所担负的工作，不辜负党中央、毛主席和全国人民对我们的期望和嘱托。

一九四七年九月九日

上午，支队政治部召开政治工作会议。廖志高主任在会上说："我们在朱官寨住了这么久了，要进行一次群众工作检查，主要是检查一下支队与群众之间的关系问题。请各单位派三至五位同志由支部宣传委员带领深入到每户人家进行调查。调查的主要内容是：(1) 征求群众对我们有何意见？ (2) 群众在生产、生活上有什么困难？ (3) 支队在日常工作和生活中有无违反三大纪律八项注意的问题？ (4) 其他值得注意的问题。时间从今天下午开始进行。

我代表直属大队总支参加了会议。

一九四七年九月十日

今天下午，召开支队直属大队总支委员会，我主持会议并在会上传达了廖志高同志在支队政治工作会议上的讲话内容。

总支委员讨论如何具体贯彻执行，决定由毛崇横、周西林、任玉洪等同志在朱官寨进行群众工作的调查并挨户征求群众对我们的意见，检查结束后由他们向总支汇报。

晚上他们将检查情况向我们汇报。

毛崇横同志说："住在朱官寨的时间比较长了，老乡们把不少窑洞腾出来给部队住，自己家里的人住得很挤。我们代表大队向他们表示非常感谢。老乡们普遍反映，自从我们来后，村子里、窑洞里干净多了，村里的路也给垫平整了，要不是打仗，难有机会住这么多解放军，老乡们很欢迎我们住在朱官寨。"

我说："要告诉同志们，占住了老乡这么多孔窑洞，已经给老乡带来许多麻烦。大家要尽可能利用时间为老乡多做好事。"

周西林同志接着说："我们的宣传委员征求意见时，群众的情绪很热情，说咱们部队来了后，把少先队们组织起来识字，学唱歌；部队上的医生主动给老乡们看病；战士们帮老乡们干活……"

我问："老乡们对我们有什么要求和意见吗？"

他们说："有几户老乡对我们说了这样的话：你们喂牲口集中在几家，等你们走了，这几家肥料不少。其他方面没有什么意见。"

我们考虑一下，大家都感到，老乡们说这话的口气，是也想分些肥料。这件事由毛崇横同志负责和村长商量一下妥善处理。

一九四七年九月十一日

直属大队总支委员会将群众工作检查结果向支队政治部作了汇

报，政治部认为我们总支的工作做得不错，并要求其他大队参照我们的办法进行群众工作检查。

毛崇横同志与村长商议的结果是将牲口粪肥集中到指定地方，由村长统一分配给各户老乡，这个决定深受老乡们的欢迎。

上午，直属大队即将现有的粪肥组织人力集中到村长指定地点。一件小事，却是一次军民关系、群众观点的体现。

毛主席、周副主席、任弼时、陆定一同志与全支队在佳县朱官寨共住二十九天。

一九四七年九月二十一日

毛主席、周副主席、任弼时、陆定一同志和中央前委今天由朱官寨出发，到达佳县张家崖。在此住两天。

一九四七年九月二十三日

今天由张家崖到达神泉堡。

佳县县委书记张俊贤来神泉堡看望支队同志们，叶子龙和我会见了他。

张书记说："你们住在朱官寨时就打算去看望你们，一直未去成，今天来这里，看你们有什么事情需要我们办的。"

叶子龙同志说："我们刚到这儿，就感受到你们对我们的关心和帮助，我们应该去谢谢你们才是。"

我说："我们刚到神泉堡住下，对这里的情况不熟悉，现在还不知道在这里住多久。我们给地方同志添麻烦了，如果有什么事需要你们帮助，我们会请你们来商量。"

张书记说："神泉堡离佳县县城只有十五华里路，有什么事需要我们办，通知我们一声就来。"

1947年9月，毛泽东、周恩来、任弼时、陆定一等在陕北佳县神泉堡居住的窑洞。

我们送走了张书记，人民群众对我们部队的关心和爱护给我们留下了深刻的印象。

一九四七年九月二十五日

清晨，我和任弼时同志一起散步。

神泉堡坐落在佳泸河以南，依山傍水，东南是一条大川，村南有一条很长的深沟。村中住有三十多户人家，有人口一百五十人左右。我们发现村子外貌宁静而秀丽。

上午，中央警卫团刘团长来电话说，十一时，中央警卫团举行欢迎新战士大会，请中央前委首长们参加。

毛主席与周副主席、任弼时、陆定一等同志商量后决定亲自去参加欢迎大会。

周副主席、任弼时、胡乔木、陆定一同志先走一步，叶子龙、廖志高和我陪同毛主席后行。

1947年9月25日,陕北佳县神泉堡。在去参加中央警卫团欢迎新战士大会途中的留影。左一:毛泽东,左二:廖志高,左三:汪东兴。

我们骑马至中途,毛主席下马散步,我们和毛主席合影留念。上午十时五十分来到阎家峁。

欢迎大会在阎家峁的团部驻地的打谷场上举行。场上有一个土台子做主席台。主席台上摆放了长桌、长椅。毛主席一行来到会场,全场军民热烈鼓掌欢迎。

毛主席等中央前委首长一到,欢迎大会即开始。刘辉山团长主持会议,他宣布大会开始,即跑向毛主席,向主席行军礼后请毛主席讲话。

毛主席走到主席台前,对大家说:"同志们,今天我们是专程来欢迎新战士、看望老战士的!我代表中央前委向全团指战员问好!"

全场响起热烈掌声。

毛主席频频向指战员挥手致意,会场渐渐安静下来。

毛主席继续说:"蒋介石指挥胡宗南向陕甘宁边区发动重点进攻,企图消灭西北野战军和中央前委机关,或者妄想把我们赶到黄河以东。我们主动放弃延安,敌人自以为得了大胜,神气了半年。后来我西北野战军先后打了几次大仗,都打胜了。三月二十五日的青化砭战斗,四月十四日的羊马河战斗,五月四日的蟠龙镇战斗,八月二十日的沙家店战斗,还有八月上中旬包围榆林的战斗……这些战斗都取得了巨大的胜利。胡宗南在仅仅半年的时间里连吃败仗,我西北野战军节节胜利,特别是沙家店这一仗,西北野战军开始胜利地转入大反攻了。现在我们的日子好过了,胡宗南的日子越来越难过了。"

全场又响起了热烈掌声。

毛主席接着说:"中央警卫团是一支担负保卫中央前委负责同志和全支队安全任务的部队,你们除了保卫工作外,还应该学习军事、政治、文化知识,特别要强调学习文化知识。有了文化才能更

1947年9月25日,陕北佳县神泉堡。毛泽东在中央警卫团欢迎新战士大会上讲话。

好地学政治、学军事，有了文化，你们就会变得更聪明起来。"

毛主席简短的讲话，赢得了全场热烈掌声。刘团长宣布："请任弼时同志讲话。"

任弼时同志说："陕甘宁边区形势和全国形势一样很好。西北野战军不断打击敌人，我们不断取得了很大胜利。中央警卫团补充了一大批新战士，增强了战斗力，对你们的到来，我们热烈欢迎！我们现在还处在战争的环境下，不能放松警惕性。你们要加强训练，掌握军事，时刻准备消灭敌人。你们肩负保卫中央前委、毛主席的安全的任务，是党和人民对你们的信任。希望你们不要辜负党和人民的期望，严格要求自己，尽快使自己从一个老百姓转变成一名合格的解放军战士！"

刘团长代表团领导在欢迎会上致欢迎词，对新战士提出了一些要求，最后是一名新战士代表讲话。

欢迎新战士的大会，由于中央前委，特别是毛主席、周副主席的亲自参加，对中央警卫团指战员的鼓舞很大，这不仅是中央警卫团的光荣，也是人民解放军的光荣。

大会结束后，毛主席、周副主席、任弼时、陆定一等同志在警卫团团部与警卫团的同志们一起吃了饭，饭后几个团里的参谋、干事、战士给大家表演了京剧清唱、二胡独奏、陕北民歌、山东快书等小节目，毛主席、周副主席、任弼时等同志看着笑得合不拢嘴，气氛很是轻松愉快。

一九四七年十月十二日

周副主席召集支队直属大队、各大队负责同志传达毛主席亲自为中国人民解放军总部所起草的宣言《中国人民解放军宣言》。

周副主席在传达前对大家说："毛主席在这个宣言中分析了目

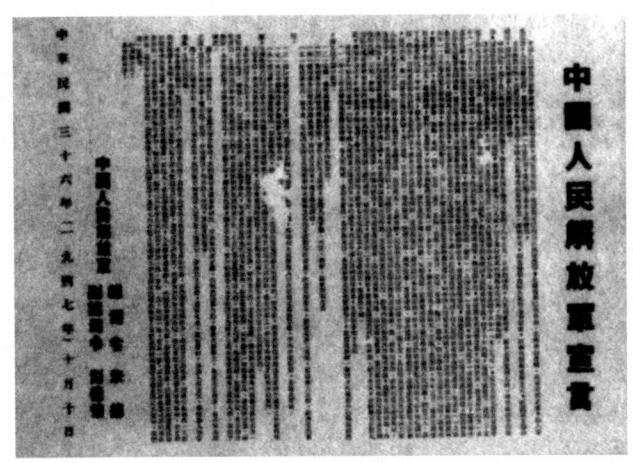

1947年10月10日发布的毛泽东在陕北佳县神泉堡起草的《中国人民解放军宣言》，该宣言提出了"打倒蒋介石，解放全中国"的口号。

前的国内政治形势，提出了'打倒蒋介石，解放全中国'的口号，宣布了中国共产党的八项基本政策。现在我向大家宣读一下宣言的全文。"

周副主席宣读道："中国人民解放军，在粉碎蒋介石的进攻之后，现已大举反攻。南线我军已向长江流域进击，北线我军已向中长、北宁两路进击。我军所到之处，敌人望风披靡，人民欢声雷动。整个敌我形势，和一年前比较，已经起了基本上的变化。""蒋介石现在的内战政策，不是偶然的，这是蒋介石及其反动集团一贯反人民政策的必然结果。早在民国十六年（一九二七年），蒋介石就忘恩负义地背叛了国共两党的革命联盟，背叛了孙中山的革命的三民主义和三大政策，从此建立独裁统治，投降帝国主义，打了十年内战，造成日寇侵略。"周副主席读到这里说："一九三六年的西安事变，我奉中共中央和毛主席之命，亲自前往西安与张学良、杨虎城两将军谈判，释放了蒋介石，希望蒋介石能够悔过自新，与中共联合起来共同抗日。但是蒋介石又一次忘恩负义，对于日寇则消极应战，对于人民则积极镇压，对于共产党则极端仇视。"

周副主席继续宣读说："蒋介石是不讲信义，翻脸不认人的独裁者。前年（一九四五年）日本投降，中国人民又一次宽恕蒋介石，要求蒋介石停止已经发动的内战，实行民主政治，团结各党派和平建国。但是毫无信义的蒋介石，在签订停战协定、通过政协决议、宣布四项诺言以后，随即将其全部推翻。人民方面，虽再三忍让求全，但是蒋介石在美帝国主义援助之下，决心不顾国家民族的死活，向人民作空前的全面的进攻。从去年（一九四六年）一月停战协定宣布到现在，蒋介石先后动员了二百二十多个正规旅和近百万的杂色部队，向中国人民从日本帝国主义手里用血战夺取过来的解放区，实行大举进攻，先后侵占了沈阳、抚顺、本溪、四平、长春、永吉、承德、集宁、张家口、淮阴、菏泽、临沂、延安、烟台等城市和广大的农村。蒋军所到之处，杀人放火，奸淫掳掠，实行三光政策，同日本强盗的行为完全一样。去年十一月，蒋介石召集了伪国大，宣布了伪宪法。今年三月，蒋介石驱逐了共产党的代表。今年七月，蒋介石下了反人民的总动员令。对于全国各地反对内战、反对饥饿、反对美帝国主义侵略的正义的人民运动，对于工人、农民、学生、市民和公教人员的争生存的斗争，蒋介石的方针就是镇压、逮捕和屠杀。

"到今天，全国绝大多数人民，地无分南北，年无分老幼，都认识了蒋介石的滔天罪恶，盼望本军从速反攻，打倒蒋介石，解放全中国。本军是人民的军队，一切以中国人民的意志为意志。本军的政策，代表中国人民的迫切要求，主要的有如下各项：

"一、联合工农兵学商各被压迫阶级，各民主党派，各少数民族，各地华侨和其他爱国分子，组成民族统一战线，打倒蒋介石独裁政府，成立民主联合政府。

"二、逮捕、审判和惩办以蒋介石为首的内战罪犯。

"三、废除蒋介石统治的独裁制度，实行人民民主制度，保障人民言论、出版、集会、结社等项自由。

"四、废除蒋介石统治的腐败制度,肃清贪官污吏,建立廉洁政治。

"五、没收蒋介石、宋子文、孔祥熙、陈立夫兄弟等四大家族和其他首要战犯的财产,没收官僚资本,发展民族工商业,改善职工生活,救济灾民贫民。

"六、废除封建剥削制度,实行耕者有其田的制度。

"七、承认中国境内各少数民族有平等自治的权利。

"八、否认蒋介石独裁政府的一切卖国外交,废除一切卖国条约,否认内战期间蒋介石所借的一切外债。要求美国政府撤退其威胁中国独立的驻华军队,反对任何外国帮助蒋介石打内战和使日本侵略势力复兴。同外国订立平等互惠通商友好条约。联合世界上一切以平等待我之民族共同奋斗。

"上述各项,就是本军的基本政策。本军所到之处,立即实施这些政策。这些政策是适合全国百分之九十以上人民的要求的。

"本军对于蒋方人员,并不一概排斥,而是采取分别对待的方针。这就是首恶者必办,胁从者不问,立功者受奖……

"为了早日打倒蒋介石,建立民主联合政府,我们号召解放区人民贯彻土地改革,巩固民主基础,发展生产,厉行节约,加强人民武装,肃清敌人残留据点,支援前线作战。

"本军全体指挥员、战斗员同志们!我们现在担负了我国革命历史上最重要最光荣的任务,我们应当积极努力,完成自己的任务。我伟大祖国哪一天能由黑暗转入光明,我亲爱同胞哪一天能过人的生活,能按自己的愿望选择自己的政府,依靠我们的努力来决定。我全军将士必须提高军事艺术,在必胜的战争中勇猛前进,坚决彻底干净全部地歼灭一切敌人。必须提高觉悟性,人人学会歼灭敌人、唤起民众两套本领，亲密团结群众，把新区迅速建设成为巩固区。必须提高纪律性，坚决执行命令，执行政策，执行三大纪律八项注意，军民一致，军政一致，官兵一致，全军一致，不允许任何破坏纪律的现象存在。我军将士必须时刻牢记，我们是伟大的人民解放军，是伟大的中国共产党领导的队伍。只要我们时刻遵守党的指示，我们就一定胜利。

"打倒蒋介石！"

"新中国万岁！"

周副主席把毛主席为中共中央、中国人民解放军总部写的重要指示及时向我们传达，大家都十分兴奋，起立长时间热烈鼓掌，向毛主席致敬！

周副主席示意请大家坐下后说："看得出来，大家听过这个宣言后很兴奋，我也和同志们一样兴奋，同志们回去后再看两遍，然后进行讨论，坚决贯彻执行。现在我再宣布一下中国人民解放军总部关于重新颁布三大纪律八项注意的训令。"会场安静下来，周副主席的声音缓缓响起。

一九四七年十月十三至十五日

直属大队组织全体人员学习讨论《中国人民解放军宣言》。

一九四七年十月十六日

下午三时，毛主席派人找叶子龙和我谈话。

毛主席见我们进来对我们说："我准备出去到佳县城内城外去看看。最近身体感到有些疲劳，下去看看，一来了解一下情况，二来换个环境活动活动，可能对身体有好处。我想东兴和徐业夫跟我下去以外，再带上警卫班及必要的工作人员就行了，你们考虑一下，

1947年10月，毛泽东由神泉堡出发去佳县县城途中。

总之是下去的人不能太多。叶子龙留下。"

我考虑一下，对主席说："我同意主席的意见，为了行动方便，这次就不带电台了。我们带上五个骑兵，来回送信送文件方便，也快些。"

毛主席说："同意带五个骑兵，叶子龙，你前五天不要送文件，五天后我要文件，通知你再送。"

按毛主席的吩咐，我分别去通知警卫班及骑兵准备随毛主席外出执行任务。

一九四七年十月十七日

从今天开始毛主席由神泉堡出发去佳县调查、参观。

一路无事，来到佳县县城。佳县县委的同志在城门口迎接，然后陪毛主席步行进城参观市场。

毛主席兴致勃勃，看到街边到处摆着卖煮羊肉、羊杂碎的摊子，吃的人很多，吃得很香，毛主席悄悄对我说："咱们也吃些？"我向县委书记表示了这个意思，县委书记对主席说："主席想吃羊肉、羊杂碎，这好办，我们买回去吃，怎么样？"

主席说："买回去吃就不香了。"

县委书记说:"这里的羊杂碎吃不得,你们仔细看看,这锅里还漂着羊粪呢!"

毛主席一听这话笑了,说:"羊吃草长大,羊粪不过是羊消化过的草,煮熟了吃点没有关系。"

说罢,笑着离开羊肉摊子,向前走去。

来到县委,吃中午饭的时候,县委会的同志准备了丰盛的午餐,其中就有清炖羊肉、羊杂碎。毛主席吃得很香,一面吃,一面说好吃。毛主席告诉我:"我们回去的时候买几斤鲜羊肉带上,切成大块,炖得烂烂的,美味!"

晚上,佳县县委向毛主席汇报了敌人占领佳县的情况,由于事先有所防范,损失不大。

一九四七年十月十八日

毛主席由佳县到谭家坪,参观峪口纸厂。

陪同我们参观的厂长向我们介绍说:"这个纸厂主要生产马兰纸。"

毛主席问:"一天能生产多少纸?"

纸厂的厂长回答:"一天可生产十刀。"①

毛主席用手摸着纸的厚薄,又问:"原料供应得上吗?"

纸厂同志答:"纸用麦秸和马兰草做原料,不成问题。"

毛主席接着问:"纸的价钱多少?"

纸厂同志说:"每刀纸的价钱合一斗小米,或一斗半黑豆,或八升黄豆。"

毛主席又询问了工人的生产情况。厂长告诉主席说:"厂里的

---

① 每刀100张纸。——编者注

工人农忙时务农。生产出来的纸可供应邻近几个县，厂里工人的生活比一般农民还要好些。"

主席对纸厂工人亦工亦农的生活方式很感兴趣。

参观结束后在南河底休息。

一九四七年十月十九日

毛主席提议去逛庙会。

逛庙会还是小时候有过的事情，这是个很吸引人的主意。大家兴高采烈上马来到名叫白云观的庙前。

主席让我们提前下马，把马拴在庙门前，然后步行进了庙。

道长出来迎接我们这些"施主"，主席双手合十，闭目低头与道长行过礼，轻声问道长："每天来烧香拜佛的人多不多？"

道长回答："太平时，来烧香的人就多些，最近人来的比前些时多了。"

主席与道长一边走着，一边又问道长："烧一次香你收香客多少钱？"

道长说："不多，烧一次香收二毛钱。"

据道长介绍，这个庙是道教庙，天下太平时，来烧香赶庙会的人很多，一次庙会的收入就可以维持庙里一年的生计。

主席不时停下来观看庙里的建筑，又问："你这庙里可以烧饭吗？"

道长说："可以。"

主席对我们说："我们先去逛庙会，回来吃中饭。"

我们告辞了道长，信步汇入逛庙会的人流。

庙会上人真不少，路边卖枣子、羊肉的居多。主席一边看，一边询问着价钱。走到一座戏台前，台上正在演山西中路梆子。台下人山人海，看戏的人坐满了。我们看主席挺感兴趣，即去庙里找来一个长板凳，主席开始坐着看，根本看不见，干脆站在板凳上看，就这样坚持把这出戏看完了。

中午我们在庙里吃的饭，虽然是素食，但还可口。

下午四五点钟，准备回驻地，走到庙的正门，要下一个很长很陡的台阶，有一百多阶。从上往下看，陡得像天梯。我们不敢让主席走，劝主席还是走原路出庙。任我们说什么，主席也不听，非要自己走下这个高台阶不可。我们拗不过主席，只好让他跟在我后面，扶着我们的肩膀一阶一阶地走下来，走在这壮观、雄伟的台阶上，一种豪迈、一种无所畏惧之感油然而生。主席一边走下台阶，一边嘴里感叹道："这样高的台阶，修造时的艰难可想而知。来庙里烧香的男女老少都能上能下，可见心里是很虔诚的，我们这些男子汉放开胆子走一回不会有什么问题的。"

一路顺利回到谭家坪。

陪主席吃晚饭时，主席说："今天庙会逛得不错。八个多月来还没有像今天这样轻松过。今天在庙会上，你知道演的是哪出戏吗？"

我咽下一口饭说："好像是杨家将的戏，我听不懂唱的是什么戏文。"

主席说："是晋戏《三关排宴》，戏中老生杨四郎，老旦佘太君都唱得不错。"

我问主席："今天下那个高台阶，真为你捏一把汗，怕你走累了。"

主席说："不累。白云观的山不高，庙还不小，烧香的人也不少。有的老百姓有了病不请医生治病，而是在庙里烧香求神保佑。神学把神的意志无限夸大，说什么上帝创造和主宰着世界，说上帝用六天时间创造了天地万物和人，第七天造物完毕休息去了。你信吗？"

我说:"我信马列主义。我发现,凡是庙宇所在的地方,风景优美,森林茂盛,吸引不少游客,留下不少诗文。"

主席说:"庙宇都是选风水好的地方建造,都是修身养性的好去处。我们提倡宗教信仰自由,正当的宗教活动允许进行,但不允许利用宗教活动做坏事。"

一九四七年十月二十日

今天我们由南河底来到吕家坪。

这里离黄河远一些,由于干旱缺水,粮食产量很低,主要农产品有红枣和中药材。毛主席在访问农户时了解到,这里的中药材有一二十种,所以乡间祖传中医也不少,看病抓药比其他地方要方便些。

一九四七年十月二十一日

今天骑兵通讯员送来文件,毛主席又开始翻阅文件,国家大事主席不能不问,不可能不问。

一九四七年十月二十二日

毛主席将批复好的文件交给秘书徐业夫让通讯员立即送回神泉堡。

下午,我在窑洞里看中央社会部发给我的《马恩列斯毛》这本书,主席走进来对我说:"送文件来的小鬼走了没有?"

我告诉主席:"通讯员早就回神泉堡去了,是不是还有文件要送回?"

主席说:"走了就算了,不急。"

我对主席说:"明天还会有人来送文件。"

主席点点头,顺手拿起我看的书,说:"这书的标题不对。我曾经说过，不要把我的名字与马克思、恩格斯、列宁、斯大林的名字相提并论。在中共七大时就有人提出毛泽东思想，也有人提马恩列斯毛，我是坚决不干。后来就用毛泽东思想这个提法了，有人要这样提，有什么办法？"

我听着主席的话，若有所思。

一九四七年十月二十三日

毛主席在住房门口的空地上散步，情绪很轻松，话也多了。

主席对我说："还记得我们主动撤出延安时的情况吗？"

我说："就像昨天的事，怎会不记得。"

主席说："从撤出延安的那天算起，到今天已有七个月零四天了。我们采用蘑菇战术把敌人磨得筋疲力尽，准备最后歼灭他们。人是不能太疲劳的，有张就要有弛。不会休息的人就不会工作，如同打仗，激战之后，必须有所调整，否则胜利就没有把握。我们现在就是在调整，目的是以利再战。"

主席把辩证唯物主义用活了。疲劳敌人，是为了最后消灭敌人；养精蓄锐，保存实力，也是为了消灭敌人；消灭敌人才能更好地保存自己。

一九四七年十月二十四日

霜降了。黄土坡上披上一层淡淡的晨霜，空气明显凉了。

毛主席披上单薄的旧衣，抽着烟，查看着陕北地区地形图。主席叫人把我找来，对我说："蒋介石命胡宗南率领二十三万大军'围剿'陕甘宁边区，三月十九日占领延安。我们在陕甘宁边区的部队全部加起来不过两万余人，我们主动放弃延安和陕甘宁边区的所有县城，让敌人背上十几个包袱。

敌人占领延安后，大肆宣传他们取得了很大胜利，吹牛说要在三个月或半年之内，消灭中共中央首脑机关和我西北野战军，或者达到把我们赶到黄河以东的目的。半年多的较量，他们的神气哪里去了？

现在，各个解放区都在打胜仗，基本上都从内线打到外线去了，整个形势对我们非常有利，我们大大主动了。

中央前委机关要选一个地方过冬，你看什么地方好些？"

我说："我想先听听主席的意见。"

主席说："我听说米脂县杨家沟一带不错，那里村子规模大，窑洞多，群众基础也较好。我想派你带一个连去那里打前站，主要任务是为中央前委机关准备好窑洞，供暖设备（地炕、炉子），过冬衣服以及粮食等。你带一部电台去，随时与支队保持联系。你考虑一下，看十天时间够不够？"

我从地图上找到杨家沟，对主席说："就按主席的意思，我尽快去办。"

主席说："那好，明天你即回支队向恩来、弼时同志汇报，看他们还有什么意见。这里的事情由叶子龙来接替你。"

听完主席的指示，我告辞出来，准备回去向叶子龙同志交代工作。

一九四七年十月二十五日

我由南河底回到神泉堡。

晚上，把毛主席派我去杨家沟执行支队准备过冬的任务向周副主席、任弼时同志汇报。周副主席和任弼时同志很认真地听完我的汇报，他们同意毛主席的考虑。

周副主席对我说："到杨家沟后要把当地的社会情况了解一下，

中央前委机关的安全非常重要。我让各大队、警卫团派人协助你去完成这次任务，另外，再带上一名懂得画地图的参谋一同去，把杨家沟各大队驻地情况详细画出来，尽快派骑兵送回，以便我们清楚了解当地的情况。你马上去做出发前的准备，我们负责与陕甘宁地方政府联系，请他们派人协助你。你到杨家沟后有什么问题可随时打电报来与我们联系。"

听完周副主席的指示，我分别通知有关同志做外出执行任务的准备。

一九四七年十月二十六日

上午我与廖志高、范长江、崔林、胡备文、王敬先、刘辉山、谢邦宪等同志商量，讨论执行毛主席关于去杨家沟筹备中央前委机关过冬工作的指示。

根据毛主席、周副主席的指示，结合同志们讨论的情况，我提出如下建议：

1. 中央警卫团派一个连的兵力随我去杨家沟执行任务。一是负责安全保卫，二是作为帮助地方群众修理地炕和炉子的劳动力。

2. 二大队、三大队分别派报务员、译电员各一人，携电台一部随我去杨家沟执行与中央前委保持联络的通讯任务。

3. 由彭润田同志做好通讯器材的准备。带好安装电话的物品，准备安装电话。

4. 由支队司令部、政治部各派两名干部负责群众工作；供给处派三名干部负责筹集粮食和草料。

5. 各大队、警卫团以及支队直属大队选派的人员，于十月二十七日上午八时前到神泉堡集合出发。

到会人员同意上述意见，各自回去执行。

一九四七年十月二十七日

按预定时间,所有随我去杨家沟执行任务的部队、工作人员,携带必要的装备,一早准时到神泉堡集合。我清点了人员、物资,一切准备就绪,与任弼时同志告别,带队出发了。

一九四七年十月二十九日

经过两天行军,我们今天来到米脂县杨家沟。

我派人与当地政府取得联系,安顿好部队住下,即与前委联络。得知毛主席一行于今天由南河底到达吕家坪。

一九四七年十月三十日

召开杨家沟村以上干部会。

参加会议的有杨家沟村、杨家沟周围三至五华里以内的几个村子的村干部。

我向村干部介绍了我们这支人马的来历,告诉大家九支队准备在杨家沟过冬。我们来这里的任务就是做好过冬前的准备工作,包括住房问题、吃饭问题、交通问题、安全问题,今天召集大家来就是商量如何解决这些问题。

首先,请大家先凑凑情况:

1. 各村先估计一下老百姓能让出多少房子?这些房子的条件、位置。

2. 房子的取暖条件怎样?需要修地炕的有多少?如果修地炕,需要多少石料、石灰、铁条?

3. 哪些房子需要修窗户、门?需要多少木料、纸张?

4. 房子中需用的桌、椅等用具,能借用的借用,借用老百姓的东西，逐一登记，如有损坏照价赔偿。

5. 路面整修问题。

6. 粮、草、煤的供应问题。

村干部们听说我们要在杨家沟过冬，表示非常欢迎，回去动员老乡让出最好的房子给部队住，但能让出多少房，什么样的房，要回去挨门逐户地查看后才能定。

我听了村干部们的意见，表示一定请村干部们做好群众工作，首先要保证群众有房住，保证他们的日常生活照常，在这个前提下把多余的房子让出来，我们坚决执行三大纪律八项注意，绝不能因为我们来住，给群众生活造成困难。

村干部们议论纷纷回去查看房产。

一九四七年十月三十一日

上午各村村干部陆续来到我们住地汇报房子的问题。

看来房子情况比较乐观。这里的群众房子比较宽敞，条件也大体较好，基本上都具备过冬的取暖设施，但也有相当一部分房子没有地炕，需要重修。

我一面让参谋根据房产的分布情况画地形图，一面和村干部们商量修地炕的问题。

修地炕首先要从窑洞内起土，工作强度大，挖好地炕后砌砖，安好铁条，再垒起土炕，这里面有很强的技术问题，必须解决能烧暖，不漏烟，烟道通畅。

商量的结果：把需要修地炕的房子排好顺序，由村干部负责请懂技术的师傅带领我们的战士一起修，战士在师傅的指导下负责挖土、填土等粗活，师傅们负责砌砖、安装铁条、通烟道。十天内完成任务。修地炕所需的材料、人工由各村干部负责筹集，最后统一报到我这里来。

一九四七年十一月一日

今天开始动工修地炕。

警卫连的战士们分头修理已让出房子的门窗，并打扫卫生。

我和一部分村干部查看各村路面交通情况。查看中发现凡需要垫平、修理的地方都交代给警卫连的干部，由他们安排战士在规定时间内修好。

一九四七年十一月二日

杨家沟附近的几个村子走下来，把要修垫的路面基本查清。

一方土地上的人住多了，卫生也是个大问题。与连队干部边走边商量，决定每村根据机关、部队所住人数多少，选适宜位置挖厕所，尽量不用老乡的厕所，另外警卫连的战士分片保持驻地的卫生清洁。

电悉：毛主席视察佳县、谭家坪、南河底、吕家坪，于今日安全回到神泉堡。

一九四七年十一月三日

今天与连排干部一起看地形，安排杨家沟驻地的警卫工作。

为了切实搞好杨家沟的警卫工作，我们几个人商量，前委机关住在杨家沟村，一连也在杨家沟随前委司令部住。警卫团团部住在沟南离司令部四华里的村子里。在杨家沟山顶的制高点上挖好工事，从现在起开始设岗哨，但白天要注意哨位的伪装，防止敌侦察机来侦察时发现目标。

一九四七年十一月四日

几件大的工作安排就绪，与前委联络报告了工作进展情况，前委同意我们的安排，并告知已收到我派人送回的地形图。

粮食、草料经地方干部的努力，已筹集到一些，准备运来。

各项工作紧张有序地进行着。

一九四七年十一月十日

我和各村干部开始检查验收房子。

一九四七年十一月十四日

各村住房全部修好，装好，并试烧了一下地炕，检查有无漏烟现象。

安装电话，拉线工作开始进行。

与前委联络知主席、周副主席、弼时、定一同志等今天由神泉堡出发，准备在闫家峁宿营。

一九四七年十一月二十日

在闫家峁住六天后，毛主席等今天到达乌龙铺。

一九四七年十一月二十一日

毛主席一行今天抵达申家涧，预计明天来杨家沟。

为了迎接九支队的到来，晚上召集各村干部、连队干部开会，最后检查落实了一遍各项工作。

睡前，我又去查看了一下毛主席、周副主席等首长住房的地炕是否烧热，又去山上查了哨。

这次任务重，时间紧，在当地政府的紧密配合下总算完成了，完成得怎么样就等明天首长们的评价了。

一九四七年十一月二十二日

毛主席、周副主席、任弼时、陆定一等同志和中央前委机关今天全部抵达米脂县杨家沟。

毛主席、周副主席一到，我们迎上前去。毛主席、周副主席下了马后，由我们分别引导他们去看他们的住房。

我引主席走上坡，一看到一排排整齐的窑洞，主席说："杨家沟有房，果然名不虚传。这窑洞整齐、漂亮，还是新的，比你们画的还要好。"

我带主席来到他住的窑洞里看过，他的警卫人员马上进行布置打扫，我又随主席来到院子里。主席在院子里走了几步，回过头来问我："恩来住在哪里？"

我带主席来到此院西头的两孔窑洞前，告诉主席这是周副主席住的地方。主席看过这两孔窑洞，又问："弼时同志住在哪里？"

我指着上面的院子对主席说："弼时、定一、乔木同志住在上面的院子里。这两个院子离得最近，窑洞都是石砌的，比较宽大、结实。参谋值班室、子龙和我都住在下面院子里。"

主席顺我手指的方向，一一看过这几个院子和窑洞，说："这个地方叫杨家沟，听说不少住户姓马不姓杨，这家的房主姓什么？"

我说："这家房主叫马新民，原是北大学生，因患肺病休学未毕业，现在家治疗。"

主席说："哦？还是知识分子家庭，他现在住在哪里？"

我接着说："现在搬到下面的院子去住了。他对我们很热情，主动提出搬回原来住的旧窑洞，把新修的窑洞让给我们住。"

主席听完我的话，很有感触地点点头。

我劝主席回窑洞休息。然后去看周副主席、弼时、定一、乔木等同志的安顿情况。

我分别来到他们住的窑洞，看到他们正在收拾行李，见我进来，对我说："一年多没住过这么宽敞的房子了，还有带炉子的地炕，窑洞里热得不得了，这下子冬天好过了。"

我进来一会儿，浑身热得出汗，是太热了。我找到一个战士，让他去告诉连长高富有，把地炕的炉火压一压，晚上再捅开。

支队直属各单位进驻杨家沟，晚上，热热闹闹的杨家沟安静下来，我也轻松了不少。

一九四七年十一月二十三日

上午我和刘团长、古远兴、慕丰韵、阎长林、高富有在杨家沟四面山上、山下、沟南、沟北查看地形，安排警戒任务。

杨家沟四面环山，中间一条大沟贯通南北，先来此地的一连，对地形较为熟悉，做核心警卫力量，主要任务是控制制高点，坚守哨位。二连住在离杨家沟不远的村子里，如遇特殊情况按规定的紧急信号即来增援。另外杨家沟附近的游动哨，白天由杨家沟的基干民兵担任，晚上由二连接任。此事由慕丰韵同志与县公安局联系。

任务布置停当，我问大家还有什么问题。高富有、阎长林提出夜间查哨用的手电电池已用完，需要补充。此事应当立即设法解决。

刘辉山团长最后提醒大家："根据刚才确定的警卫任务，请各连迅速布置执行，不得有误。警卫工作天天做，一天也不能马虎。有什么问题要马上报告东兴同志和我。不论是谁，遇到可疑的人，一定要提高警惕。"

一九四七年十二月二十五至二十八日

中共中央在陕北米脂县杨家沟召开会议。会议主要讨论毛主席在会上的报告《目前形势和我们的任务》。

出席会议的有毛主席、周副主席、任弼时、彭德怀、贺龙、陈毅、陆定一、习仲勋、马明芳、李井泉、李维汉、李克农、李涛、胡乔木等同志。列席会议的有范长江、胡备文、崔林、叶子龙、汪东兴、廖志高、罗青长、黄树则、张文舟等同志。

毛主席作报告时不念稿子，讲得生动活泼，有声有色。当毛主席讲到"中国人民解放军已经在中国这块土地上扭转了美国帝国主义及其走狗蒋介石匪帮的反革命车轮，使之走向覆灭的道路，推进了自己的革命车轮，使之走向胜利的道路。这是一个历史的转折点。这是蒋介石的二十年反革命统治由发展到消灭的转折点。这是一百多年以来帝国主义在中国的统治由发展到消灭的转折点。这是一个伟大的事变。这个事变所以带着伟大性，是因为这个事变发生在一个拥有四亿七千五百万人口的国家内，这个事变一经发生，它就必然地走向全国的胜利。这个事变所以带着伟大性，还因为这个事变发生在世界的东方，在这里，共有十万万以上人口（占人类的一半）遭受帝国主义的压迫。中国人民的解放战争由防御转到进攻，不能不引起这些被压迫民族的欢欣鼓舞。同时，对于正在斗争的欧洲和美洲各国的被压迫人民，也是一种援助"时，大家听得笑出声来，高兴得鼓起掌来。毛主席喝了一口茶水，向大家挥手示意，待我们安静下来，继续说："从蒋介石发动反革命战争的那一天起，我们就说，我们不但必须打败蒋介石，而且能够打败他。我们必须打败蒋介石，是因为蒋介石发动的战争，是一个在美帝国主义指挥之下的反对中国民族独立和中国人民解放的反革命的战争。中国人民的任务，是要在第二次世界大战结束、日本帝国主义被打倒以后，在政治上、经济上、文化上完成新民主主义的改革，实现国家的统一和独立，由农业国变成工业国。然而恰在这时，在反法西斯的第二次世界大战胜利地结束以后，美国帝国主义及其在各国的走狗代替德国和日本帝国主义及其走狗的地位，组成反动阵营，反对苏联，反对欧洲各人民民主国家，反对各资本主义国家的工人运动，反对各殖民地半殖民地的民族运动，反对中国人民的解放。……在这种时候，如果我们表示软弱，表示退让，不敢坚决地起来用革命的战争反对反革命战争，中国就将变成黑暗世界，我们民族的前途就将被断送。中国共产党领导中国人民解放军坚决地进行了爱国的正义的革命的战争，反对蒋介石的进攻。中国共产党依据马克思列宁主义的科学，清醒地估计了国际和国内的形势，知道一切内外反动派的进攻，不但是必须打败的，而且是能够打败的。当着天空中出现乌云的时候，我们就指出：这不过是暂时的现象，黑暗即将过去，曙光即在前头。当着一九四六年七月，蒋介石匪帮发动全国规模的反革命战争的时候，蒋介石匪帮认为，只需三个月至六个月，就可以打败人民解放军。"会场此时响起一片笑声。

  毛主席继续说："他们认为他们有正规军二百万，非正规军一百余万，后方军事机关和部队一百余万，共有军事力量四百余万人，他们已经利用时间完成了进攻的准备；他们重新控制了大城市；他们拥有三万万以上的人口；他们接受了日本侵华军队一百万人的全部装备；他们取得了美国政府在军事上和财政上的巨大援助。他们又认为，中国人民解放军在八年抗日战争中已经打得很疲倦，而且在数量上和装备上远不及国民党军队；中国解放区还只有一万万多一点的人口，其中大部分地区的反动封建势力还没有被肃清，土地改革还不普遍和不彻底，就是说，人民解放军的后方还不是巩固的。

从这种估计出发，蒋介石匪帮就不顾中国人民的和平愿望，最后地撕毁在一九四六年一月间签订的国共两党的停战协定和各党派政治协商会议的决议，发动了冒险的战争。那时，我们说，蒋介石军事力量的优势，只是暂时的现象，只是临时起作用的因素；美国帝国主义的援助，也只是临时起作用的因素；蒋介石战争的反人民的性质，人心的向背，则是经常起作用的因素；而在这方面，人民解放军则占着优势。人民解放军的战争所具有的爱国的正义的革命的性质，必然要获得全国人民的拥护。这就是战胜蒋介石的政治基础。十八个月战争的经验，充分证明了我们的论断。

"十七个月（一九四六年七月至一九四七年十一月为止，十二月的尚未计入）的作战，共打死、打伤、俘虏了蒋介石正规军和非正规军一百六十九万人，其中打死和打伤的有六十四万人，俘虏的有一百零五万人。这样，就使我军打退了蒋介石的进攻，保存了解放区的基本区域，并使自己转入了进攻。我们所以能够如此，在军事方面来说，是因为执行了正确的战略方针。我们的军事原则是……当着我们避开优势敌人的致命打击，并转移军力求得在运动中歼灭敌人，而主动地放弃许多城市的时候，我们的敌人是兴高采烈了。他们认为这就是他们的胜利和我们的失败。他们被一时的所谓胜利冲昏了头脑。张家口被占领的当天下午，蒋介石即下令召集他的反动的国民大会，似乎他的反动统治从此可以安如泰山了。美国帝国主义分子也手舞足蹈，似乎他们将中国变为美国殖民地的狂妄计划，从此可以毫无阻碍地实现了。但是，随着时间的推移，蒋介石及其美国主子的腔调也发生了变化。现在是一切国内外敌人都被他们的悲观情绪所统治的时候。他们唉声叹气，大叫危机，一点欢乐的影子也看不见了。……蒋介石反动集团及其美国主子，现在应当感觉到他们自己的错误了。他们将日本投降以后一个长时间内，中国共产党代表中国人民的愿望，力争和平反对内战的一切努力，看作是胆怯和力量薄弱的表现。他们过高地估计了自己力量，过低地估计了革命力量，冒险地发动战争，因而落在他们自己布置的陷阱里。我们敌人的战略打算是彻底地输了。

"现在，比较十八个月以前，人民解放军的后方也巩固得多了。这是由于我党坚决地站在农民方面实行土地改革的结果。……全党必须明白，土地制度的彻底改革，是现阶段中国革命的一项基本任务。如果我们能够普遍地彻底地解决土地问题，我们就获得了足以战胜一切敌人的最基本条件。

"为了坚决地彻底地实行土地改革，巩固人民解放军的后方，必须整编党的队伍。抗日战争时期我党内部的整风运动，是一般地收到了成效的。这种成效，主要地是在于使我们的领导机关和广大的干部和党员，进一步地掌握了马克思列宁主义的普遍真理和中国革命的具体实践的统一这样一个基本的方向。在这点上我们党是比抗日以前的几个历史时期，大进一步了。但是，在党的地方组织方面，特别是在党的农村基层组织方面所存在的成分不纯和作风不纯的问题，则没有获得解决。……全党同志必须明白，解决这个党内不纯的问题，整编党的队伍，使党能够和最广大的劳动群众完全站在一个方向，并领导他们前进，是解决土地问题和支援长期战争的一个决定性的环节。

"没收封建阶级的土地归农民所有，没收蒋介石、宋子文、孔祥熙、陈立夫为首的垄断资本归新民主主义的国家所有，保护民族工商业。这就是新民主主义革命的三大经济纲领。……新民主主义革命的任务，除了取消帝国主义在中国的特权以外，在国内，就是要消灭地主阶级和官僚资产阶级（大资产阶级）的剥削和压迫，改变买办的封建的生产关系，解决被束缚的生产力……

"一九四七年十月，人民解放军发表宣言，其中说：'联合工农兵学商各被压迫阶级、各人民团体、各民主党派、各少数民族、各地华侨和其他爱国分子，组成民族统一战线，打倒蒋介石独裁政府，成立民主联合政府。'这就是人民解放军的，也是中国共产党的最基本的政治纲领。从表面上看来，现在时期，比较抗日时期，我们的革命的民族统一战线，似乎是缩小了。但是在实际上，只是在现在时期，只是在蒋介石出卖民族利益给美国帝国主义，发动反人民的全国规模的国内战争之后，只是在美国帝国主义和蒋介石反动统治集团的罪恶已经在中国人民面前暴露无遗之后，我们的民族统一战线才是真正地扩大了……

"蒋介石反动集团在一九四六年发动全国规模的反人民的国内战争的时候，他们之所以敢于冒险，不但依靠他们自己的优势的军事力量，而且主要地依靠他们认为是'异常强大'的、'举世无敌'的、手里拿着原子弹的美国帝国主义。一方面，以为它能够像流水一样地供给他们以军事上和财政上的需要；另一方面，狂妄地设想所谓'美苏必战'，所谓'第三次世界大战必然爆发'。这种对于美国帝国主义的依赖，是第二次世界大战结束以后全世界各国反动势力的共同特点。这件事，反映了第二次世界大战给予世界资本主义的打击的严重性，反映了各国反动派力量的薄弱及其心理的恐慌和丧失信心，反映了全世界革命力量的强大，使得各国反动派除了依靠美国帝国主义的援助，就感到毫无出路。但是，在实际上……并不如此……我们自己的命运完全应当由我们自己来掌握。我们应当在自己内部肃清一切软弱无能的思想。一切过高地估计敌人力量和过低地估计人民力量的观点都是错误的……"

一九四七年十二月二十九日

今天送走了来开会的贺龙、陈毅、李维汉、李井泉、习仲勋、马明芳、贾拓夫、张文舟等同志。与任弼时同志一同回来的路上，任弼时同志告诉我：这几天开会期间，白天开会讨论，晚上主席分别找这些同志谈话，会开得好，大家的心情都很舒畅。

中国共产党最高级会议之后，将迎来全国战场上更加辉煌的胜利。

一九四七年十二月三十日

上午，李克农同志向任弼时同志汇报中央社会部工作情况，我参加了汇报。

一九四七年十二月三十一日

午饭时，毛主席派警卫员找到我说，主席让我马上去一趟，我感到有些突然。

我匆忙走进主席的窑洞，看到主席饭桌上摆着饭菜，主席没有吃，却在窑洞内踱来踱去，满脸不高兴的样子。

我轻声问主席："主席，找我有事吗？"

主席指着桌上的饭菜问："这腊肉、腊鱼是从哪里搞来的？"

我一听是这事，松了一口气，说："是贺总开会时带来的。开会时吃了一些。贺总特别关照我，让我留些给你过元旦时吃。今天中午每个首长都加菜，包括我们的饭桌上都有。"

主席说："贺龙同志对我们很关心，带来这些好东西给我们改善生活，搞一荤一素就行了嘛！加菜是不是你出的主意？"

我说："是我让灶上安排的。"

主席说："陕北老百姓为了支前，小米都吃不饱，哪里还吃得上两荤一素？你算过没有，这腊肉、腊鱼要用多少小米才换得来嘛？"

我听主席这样说，原来是荤菜加多了。我说："还没有算过账。"

主席看得出我有些不安，语气缓和了些说："你们一桌人吃两荤一素是可以的，我这里人少，两荤一素就多了些。这样吧，腊肉我中午吃了，腊鱼留到晚饭再吃。以后要学会当家，不要铺张浪费。过年还是要过的，但要根据情况，区别对待。"

我对主席的批评没什么说的，给主席改善伙食是我们大家的心愿。我对主席说："我下次注意，你先吃饭吧，菜要凉了。我一会儿去告诉周绍林同志，留一个菜晚饭吃。"

主席坐到桌前，拿起筷子，看我一直立正站着，笑着说："今天立在窑洞里，下次不改就要罚你站在外面晒太阳了。"

我看主席津津有味吃着腊肉才悄然退出，吃我的饭去了。

回到饭桌上，周副主席、彭总已吃完饭。子龙同志说："快来吃饭吧！怎么去了这么久？"周副主席说："主席那里有什么事吗？"我把在主席那里发生的事告诉他们，周副主席感慨地说："主席了解老百姓生活艰苦，吃上一点好饭菜，就想起老百姓。"

彭总说："陕北的老百姓真不简单，有点粮食自己舍不得吃，都拿出来支援解放军了。加上这次胡宗南部队的围剿，生活更苦了。毛主席和陕北人民真是同呼吸共命运的。"

子龙同志说："我昨天和东兴同志商量，过年了，把留下的腊肉、腊鱼今天吃掉，怕放时间长了，坏掉了。"

我说："咱们想得不周到，下回注意吧。"

子龙对我说："给你留了点菜，快吃吧，要凉了。菜不够，去灶上再要点。"

我赶紧说："够了够了，谢谢你们。"

我觉得饭菜很香。

一九四八年一月一日

北方过年不吃饺子不算过年。

行政处谢邦宪同志想尽办法要让支队直属大队的同志们吃上一顿饺子。他搞来了足够的羊肉，有限的面粉，按人头分到各单位自己包自己吃。

元旦包饺子，大家都高兴得不得了。虽然每人只有四两面粉，但一年才吃上一次，难得的享受。

谢邦宪同志想得周到，还给不吃羊肉的同志准备了鸡蛋和面条。

饺子包好了。周副主席、彭总、乔木、子龙和我坐在一个桌子上吃饺子。彭总笑着对我说："今天又吃好的，你不怕说了？"

周副主席接过话来说："今天过年，全体人员都吃饺子，主席也高兴。"

我吃着饺子，没说话。

一九四八年一月二日

今天我和子龙同志分别到各大队和警卫团了解部队情况。每到一地，同志们都反映今年元旦过得好，很久没有吃到饺子了，大家在一起包饺子，虽说有的不会包，有不少一煮就破了，但大家的情绪饱满，吃得开心。别小看这顿饺子，它促进了人与人之间的团结和谐。

我来到警卫团团部，见到刘辉山、张廷祯同志。他们见我进来，马上起身迎接我，并对我说："东兴同志，你来得正好。今天下午团里召开排以上干部会议，请你参加，给我们讲讲形势，你看怎样？"

我问："你们今天开会主要想解决什么问题？"

刘团长说："主要想召集大家讨论安排一下将要进行的'三查三整'的教育问题。"

我一听是关于马上要在各部队开展的"三查三整"活动教育的准备会，很感兴趣，决定留下参加这个干部会，于是我对他们说："那好，我很愿意参加这个会。"

中午和刘团长、张政委共进午餐，大致确定了下午会议的议程。

下午二时，警卫团的排以上干部会准时开始。会议由张廷祯政委主持，由刘辉山团长向大家传达毛主席所作的报告《目前形势和我们的任务》，然后张政委请我讲一讲部队即将开展的"三查三整"工作。

我在讲话中说："刚才刘团长向你们传达了毛主席最近的重要讲话。这个讲话是毛主席在最近召开的中共中央会议上作的报告。毛主席在这个报告中精辟地分析了当前国内战场形势，详细分析了敌我双方军事力量的现状，指出了全国军民所应去完成的任务，非常及时，同志们应认真仔细读好学好这篇文章，提高对当前形势的认识，做好自己的工作。

"现在我讲一讲关于马上要在各部队开展的三大民主运动和'三查三整'活动的问题。

"根据中央前委的指示精神，在各部队将用一到一个半月的时间开展三大民主和'三查三整'活动。

"三大民主是指军事民主、政治民主、经济民主。开展三大民主运动，就是要在全军范围进行的军训中掀起官教兵、兵教官、兵教兵的群众性练兵热潮，士兵是军队的主人，我们的官来自兵。在我们革命队伍中官要尊兵，兵要尊官，官兵平等，官兵互助，这样的军队才能战无不胜。

"这次彭总来开会时谈到西北野战军正在进行的整训，在整训中他们开展了诉苦活动。在诉苦活动中，一个原国民党士兵哭诉他的母亲因欠租还不起，被恶霸地主逼死，他自己被抓壮丁充军，在国民党部队里，士兵就是当官的奴隶，挨打受骂是家常便饭。现在进了解放军这支人民的军队，官兵一致，他更加痛恨恶霸地主，痛恨国民党，发誓要为母亲报仇，多消灭敌人。西北野战军中有不少这样对恶霸地主怀有深仇大恨的被解放战士，一石激起千层浪，大家纷纷站起来控诉国民党反动派、地主恶霸的罪行，激发了同志之间的阶级感情，对团结部队起了很好的作用。为了推广彭总在西北野战军整训的经验，毛主席、党中央指示各部队在冬训时，开展'三查三整'运动。三查，就是查阶级、查工作、查斗志；三整就是整顿思想、整顿组织、整顿作风。

"我们警卫团的战士与西北野战军中的那些被解放战士的来历不同，都是从解放区自己报名参加解放军的，没有尝过国民党军队中的滋味，与他们有很大区别，但是在本质上也有共同的地方。你们也都是苦出身，受过恶霸地主的欺压、迫害，特别是日本帝国主义侵略中国时，所受的民族苦难更无比深重。在这次活动中我们要在学好文件的基础上，联系自己的思想实际，开展诉苦运动。我们要诉恶霸地主、国民党反动派和日本帝国主义给予人民之苦。通过诉苦，提高阶级觉悟，把对某个恶霸地主，对国民党反动派、日本帝国主义的仇恨凝集成对反动阶级的仇恨，增强阶级兄弟之间的团结，提高战斗力。

"你们团的军训计划我已和刘团长、张政委研究过了，待你们团党委讨论通过后，向支队领导打个书面报告，批准后即可执行。

"我希望在座的每位同志在这次运动中认真学习文件，积极准备发言。在军训中体现出诉苦运动中所焕发的干劲，我们等待着你们的好消息。"

张政委在我讲话之后做了简短的小结。警卫团排以上干部会议结束后，我即返回杨家沟。

一九四八年一月三日

彭总今天准备回西北野战军总部，他一早起来，精神抖擞。叶子龙和我在山坡上找到他,请他吃一顿比较丰盛的早餐,以示饯行。

彭总津津有味地喝着小米粥,吃饭就像他这个人一样雷厉风行,迅速解决战斗。他放下碗,一面看着我们吃饭,一面说:"我从去年十二月二十二日来杨家沟,到今天为止,已在这里住了十二天。这十二天中承蒙你们关照,对我的招待很周到,多谢你们了。为了让我住得舒服些,东兴同志特意把自己住的窑洞让给我住,给你添了不少麻烦。"

我听彭总这样客气,马上对彭总说:"彭总见外了,你来杨家沟住这么多天,这种机会不多,理应多多关照才是,有什么照顾不周的地方,还请彭总多包涵了。"

彭总摆摆手说:"战争环境,得到这样的款待,难为你们了,没有意见,没有意见。"

子龙同志说:"彭总这次回去,恐怕要到延安再见了。"

彭总说:"差不多吧,昨天下午我分别和恩来、弼时同志谈了话。昨天晚上又和主席谈了大半夜。不虚此行。我想我们会很快再见面的。"

我对彭总说:"彭总一会儿起程,我们派三个骑兵护送。"

彭总说:"好吧,要送就送三十里路,我们总部警卫连有人来接,请你们放心。"

一切安排停当,我们送彭总上了路。

一九四八年一月四日

任弼时同志找到我,对我说:"我已向主席、恩来同志说了,我准备去米脂县城看看,搞搞社会调查,一共打算出去三天。主席和恩来同志都同意了。

我想请你和廖志高同志陪我一起去,再带上郭仁和医生任玉洪。

廖志高同志由我来通知他，你考虑一下这次行动的具体安排。"

我接受了任务，对任弼时同志说："出发前至少还有两件事要做。第一件事是通知警卫团刘团长派五个骑兵随行担任保卫；第二件事是事先要通知一下米脂县委，找一个合适住的地方。"

任弼时同志随即表示："同意你的意见。第一件事由你去办，第二件事我交代给廖志高同志办。"

下午警卫团刘团长奉命来到杨家沟，一来与我商量派骑兵担任任弼时同志警卫问题，同时他还带来了警卫团的军训计划报告。

刘团长一下马便快步走进窑洞，看见叶子龙和我都在，从挎包拿出文件说："我带来了我团军训计划，请叶参谋长、汪副参谋长审阅，看还有什么需要补充修改的地方，然后我再呈周司令员审批。"

叶参谋长把刘团长交给他的报告递给我，说："你先看看，提提意见。"

我拿过报告翻看一下，与我在警卫团参加排以上干部会议时与刘团长、张政委讨论的内容大体相同，即对叶参谋长说："我前几天去警卫团参加他们的排以上干部会议时已和他们一起讨论过这个计划，没有什么新的意见，你好好看看，给补充修改一下吧。"

叶参谋长又拿回报告，说："那好，我先看看，如没什么意见，我替你们呈报给周副主席。"

我和刘团长仔细讨论了派骑兵外出执行任务的安排后，各自准备去了。

一九四八年一月五日

今天上午九时许，我们随任弼时同志由杨家沟出发前往米脂县视察。

经过四个小时的行军，于下午一时到达米脂县城。

米脂县的县委书记、县长在县委招待所的门前迎接我们。任弼时同志下马与走向前来的县委领导一一握手，问候。县委书记等先带我们来到招待所内安排好我们住的地方，然后和我们一起吃午饭。

下午在县委书记的引导下，任弼时同志参观米脂县城。

县城内的街上行人很少，大多的店铺没有开门，四周冷冷清清。

任弼时同志看到这种情况问县委书记："城里为什么这般冷清，人都到哪里去了？"

县委书记回答："这是蒋介石进攻陕甘宁边区造成的后果。为了保卫米脂县人民的生命财产的安全，在敌人到来之前，我们在全县进行了坚壁清野，特别是县城的居民，尽可能动员他们疏散到农村去。后来随着形势的好转，陆续回来了一些人，但还有相当多的人没有回来。"

任弼时同志点点头，对县委书记的话表示赞同："现在形势好了，基本稳定了，可以考虑让他们回来，县城里还要靠他们繁荣起来。"

一九四八年一月六日

上午，米脂县常委的五位同志向任弼时同志汇报，廖志高和我也参加了。

县委书记汇报了以下几个内容：

1. 备战支前工作。

胡宗南派其主力之一的三十六师经米脂县增援榆林，敌人经过此地，老百姓的牛、羊、猪、鸡被掠走不少，一部分未坚壁好的粮食也被抢走了一些。大部分群众经我们县委组织撤离了县城，但也有一些人员被捉走，后来这些人大部分跑回来了。

米脂县是支前重点县之一。县里的青壮年基本上都动员去榆林前线运送伤病员，还有一个重要任务就是筹集粮草支援前线。米脂县的老百姓对支前工作热情很高，凡是上级交给县里的任务，我们在群众的支持下都较好地完成了。

2. 秋收秋种工作。

今年的秋收工作完成得不错。粮食收得快，晒得快。群众主动交公粮，县委积极组织群众将粮食有计划地坚壁起来。

秋收一结束，我们即开展秋种的准备工作，现在麦苗长势不错。

3. 存在的问题。

⑴ 老百姓害怕胡宗南匪军再来进攻，还有不少人不肯回来。

⑵ 由于支前工作尚未结束，县里青壮年劳力少，田间劳作缺乏劳力。

⑶ 入冬以来至今未下雨雪，旱情较严重。

任弼时同志仔细听完县委同志的汇报对米脂县的工作还是满意的，他说："在米脂县犯下罪行的胡宗南的三十六师已在沙家店一仗中被歼灭了，他们的师长钟松被我们俘获，这一仗的胜利算是为米脂县人民出了一口气，更重要的是这一仗的胜利证明毛主席对敌人的估计十分正确。毛主席说过'蒋介石政府的强大只是暂时的，表面的，它实际上是一个外强中干的政府。它的进攻是能够打败的'。这次胡宗南在沙家店又吃了败仗，他们已退回延安附近去了。

"我西北野战军已开始反攻，全国各解放区的人民解放军都在打胜仗；刘、邓、陈、谢大军已打到外线战场；蒋管区的人民的反独裁、反饥饿斗争不断发展。毛主席分析形势的发展比人们预料的还要快些。

"最近党中央在杨家沟开了一次重要会议，毛主席在会上作了《目前形势和我们的任务》的重要报告。这个文件很快就会传达下来，你们接到文件后要组织认真学习。

"刚才你们在汇报中谈到的几个问题,我想随着形势的逐步好转,都能得到比较好的解决。米脂县人民为支前做出了很大贡献,成绩很显著。敌人在陕北呆不长了,你们县的青壮年会很快回来。党中央、毛主席、西北野战军、广大人民群众不允许敌人再来加害于陕北人民。希望县委的同志向米脂县的人民群众讲清形势,使他们看到胜利的曙光,动员疏散出去的工人、市民回来生产,恢复县城建设。"

县委领导听了任弼时同志的一番话,很受鼓舞,表示能够领导全县人民克服目前的困难,把米脂县的工作做好。

人民群众中蕴藏着极大的生产力,蕴藏着极大的创造力,米脂县会越来越发达兴盛。

一九四八年一月七日

今日离开米脂县。临行前县委书记、县长来招待所送行,他们托任弼时同志代米脂县委、县政府、全县人民向毛主席、周副主席、党中央问好,并表示要去杨家沟看望中央负责同志。

我们一路顺利,下午回到杨家沟。

一九四八年一月八日

全支队组织学习讨论毛主席《目前形势和我们的任务》。

一九四八年三月九日

东渡黄河。

下午,毛主席、周副主席、任弼时同志派人把我和叶子龙找去讨论东渡黄河问题。

毛主席对我们说:"中央前委商议,准备东渡黄河。自从蒋介石指挥胡宗南进攻陕甘宁边区，我们中央前委在陕北转战一年了。去年三月十九日胡宗南占领了延安，可谓蒋介石最得意、最神气之时。蒋介石得意忘形，吹牛要在三个月或半年之内消灭中共首脑机关和西北野战军，至少要把我们赶到黄河以东。

"现在经过一年的较量，全国各战区、敌占区的斗争形势发展对我们越来越有利，我们在大范围内由被动转为主动了。你蒋介石赶我们过黄河，我们偏不过，在陕北拉着你的队伍转圈子。一年后的今天，我看过黄河的时机到了，把你们两位找来，就是商量一下，咱们什么时候过黄河？准备怎么过法？具体由谁去组织指挥？"

周副主席说："主席刚才讲的，也就是杨家沟会议的精神，就是《目前形势和我们的任务》这个讲话的具体执行方法。

"中央前委要在适当的时机与中央后委、中央工委会合，这样有利于指挥全国的解放战争，打倒蒋介石，解放全中国。

"现在正是黄河上游化冰的季节，我的意见看是不是三月下旬东渡黄河较为适宜。"

任弼时同志说："东渡黄河要准备船，要找有经验的船工，和他们商量看什么时间过黄河合适，一定要保证安全渡河。"

叶子龙说："争取用十天时间完成准备工作，我提议由东兴同志具体组织东渡黄河的准备工作。"

我说："东渡黄河的工作需要仔细策划。渡船、技术船工、木材，还有粮食、草料、当地治安工作等等，都离不开当地政府的帮助和支援。"

毛主席说："我同意子龙的意见，由汪东兴组织东渡黄河的准备工作。你们看这样好不好？派给他一个连的兵力，除担任渡河时的警卫外，还可以在准备工作中担任劳动力。给他带一部电台，一名报务员，一名译电员，随时将准备工作情况向中央前委报告，与我们保持联系。

"东渡黄河的准备工作要注意保密，时刻提高警惕，防止敌人侦察到我们的动向。

"我们马上会发电报给陕甘宁边区的林伯渠同志，请他派得力的地方干部协助你完成任务。同时我们也将给贺龙同志发电报，请他通知晋绥边区政府派人在黄河东岸接应。

"东渡黄河的时间暂定为三月下旬，从明天开始，十天内准备就绪。"

周副主席对我说："主席的指示很明确，考虑也很周到。东兴同志，你明天召集有关同志开会布置任务，争取三月十一日出发。

"中央前委东渡黄河是一次大的战略行动，任务很艰巨，就拜托给你了。"

我说："担子很重，会遇到很多困难，但是有中央前委的直接领导，有当地政府、人民的支援，还有警卫团战士们吃苦耐劳的精神，我想这个重要的任务，我们一定能很好地完成，请各位首长放心吧。"

一九四八年三月十日

上午召集筹备会议，到会的有：刘辉山、古远兴、慕丰韵、崔林等同志。叶子龙、廖志高和我负责主持会议。

叶子龙先向大家传达了昨天会议的精神，要大家根据自己担负的任务发表意见。

刘辉山："警卫团派二连全体官兵，再由骑兵连派一个班由汪副参谋长指挥。"

崔林："我们除调一部电台、报务员、译电员各一人外，建议再带一个有线电台组负责联络工作。"

廖志高："这次渡黄河的任务很重，要紧紧依靠地方政府和群众，建议政治部派宣传、群众工作干部各两人协助东兴同志工作。"

我："支队直属大队警卫科派两名干部跟我去执行任务。刚才大家说到的各单位派出的人员，请分别通知他们，明天上午八时，在杨家沟村东北大树下集合。"

一九四八年三月十一日

上午八时，各单位人员集合在杨家沟村东北的大树下。我清点人数，登记了负责人员的姓名和单位，整理完队伍，准时出发了。

下午五时我们到达吉徽店宿营。

一九四八年三月十二日

清晨由吉徽店出发，下午六时到达螅蜊峪。

晚上，我派人找来吴堡县县委书记、县公安局长、陕甘宁边区保卫处、社会处处长开会调查了解下列问题：

1. 螅蜊峪渡口和吴堡县境内能找到多少渡船？
2. 能有多少熟练船工？
3. 修船技术工人有多少？
4. 我们准备购买大量的桐油、麻绳、撑杆、木料、水桶等物品，当地能否解决？
5. 筹集一百五十人十天用的粮食，还有几十匹牲口的草料。

以上的问题不要你们马上回答，回去了解情况后，明天到渡口我的住地给我答复。

各位领导记下需要了解的问题，没有多话，自去调查。

一九四八年三月十三日

我来到螅蜊峪渡口，查看了地形，选择了一个较高的位置搭帐篷，挖灶架锅，安置电台，架起有线电话，并在"指挥部"的周围构筑了一些掩体。

下午地方政府的同志赶来汇报昨天布置的问题，情况不太好。

现在渡口只有三艘渡船，只有一艘正在摆渡，另外两艘漏水或船帮损坏。船工只有三人，会修船的有八人，桐油、麻绳、木料正在收集，一百五十人的粮草不成问题。

我听完汇报，马上做出决定：

1. 三天内一定要找到五艘渡船，五名船工。现有的一艘渡船照常摆渡，另外两只坏船马上进行修理。

2. 船工和修船工人最好集中住宿，我们负责生活开支，请回去动员他们。

3. 找有经验的老船工了解一下黄河历年来化冻的情况，避免冒险。

县委书记说："汪副参谋长刚才的指示我们马上去办，县里同志还有个想法，想请你们回镇上去住。这里风大，晚上住帐篷还是很冷的，怕把同志们冻坏了。"

我说："有许多事情需要我们马上在现场解决，时间紧，任务重，住在渡口随时可以解决问题，谢谢同志们的关心。"

县委书记又说："要不，白天到渡口工作，晚上回镇上去住怎么样？"

我说："完成任务是当务之急，晚上的时间和白天一样宝贵，住在这里我心里踏实。"

县委书记接着说："要不，我让县委招待所送些被褥来御寒？"

我急忙说："不行不行，我们来这里就已经给你们添麻烦了。不能影响县委招待所的工作。我们在陕北转战一年多，这种游击生活过惯了。我和战士们都吃得起苦，真是太谢谢你们了。"

县委书记见我执意不肯去镇上住，便说："那好，就照你的意思办吧，我马上回去，把船只和船工尽快落实。"

一九四八年三月十四日

我们正在渡口忙着，县委书记带了几个人匆匆走来。

县委书记对我："汪副参谋长，船我们又找到七艘，都是好的。原来的三艘经过修理，有两艘可以用，船工又找到十几人，有熟练的，也有不太熟练的，你看怎么办？"

我听罢对县委书记说："太谢谢你了。这样一来船的问题基本解决了，船工的问题，我看这样，所有的船工集中在渡口，由熟练船工对他们进行训练，尽可能使每个船工都成为技术熟练的船工。"

县委书记点点头说："同意你的意见，马上将船工们集中起来训练。据观察，现在黄河上游正在化冰，常有大冰块从上游冲下，对船只造成威胁，你看怎么办？"

这个问题是个大问题，我们和县委书记，以及县委书记带来的几个船工一起商量几条对付冰块的措施。

1. 用长一米五、宽半米的木头，用绳子捆在一起，每捆木头的两头用绳子做成套环当扶手，每条船上准备几捆，以防万一船被冰块撞翻，做救生用。

2. 每条船上多带两条撑竿，每条船上分别设两人严密观察水中冰情，如遇冰块流下，用撑竿将冰块推开，保证船只的安全。

3. 为了首先保证人员渡河的安全，渡河时一定要严格掌握人员和骡马分开渡河的原则。

4. 每条船上至少保证有三名会水的人员，确保全船人员的渡河安全。

5. 每批渡河的船队中分别派出一只船作后卫船，力图挡住上游的冰块，保证其他船只的安全。

以上五条安全措施从三月十六日起开始进行准备和演练，每天上午和下午各进行一个来回的演练。每只船上除两位船工外，另外派二连的干部带两名战士参加演练。

一九四八年三月十六日

按计划今天演练开始。

木制救生捆每船备有四个，撑竿多于两条，经过训练的船工、战士、干部秩序井然进行着渡河的工作。

演练正常，今天无事。

一九四八年三月十七日

继续过河演练。

上午参加演练的一只船遇上一块五米长、三米宽的大冰块向船冲过来，因冰块太大，撑竿撑不动，船让冰块冲出十几米远。全船的人奋力划船，终于避开冰块的排挤，胜利返航。

一九四八年三月十八至二十一日

几天来每天演练基本顺利，船工的撑船技术更加熟练。干部战士对黄河的水性有了进一步的了解，演练是很必要的。

为了防止敌机的轰炸和防止敌人可能破坏渡船，我们把九只渡船分成三组进行隐蔽，日夜派哨兵警卫。

一九四八年三月二十二日

今天的天气虽然有风，但晴得很好。

毛主席、周副主席、弼时、定一、乔木等同志，还有叶子龙、廖志高、黄树则、范长江、崔林、胡备文等同志和支队各单位先后抵达螅蜊峪宿营。

我们以螅蜊峪主人的身份迎接他们，大家见了面，亲热得不行。

支队各单位住宿安排好了以后，我向周副主席、叶子龙同志汇报了东渡黄河的各项准备工作。

周副主席对我说："你发给前委的两份电报均已收悉。今晚又听了你的汇报，我感觉你们对整个东渡黄河的准备工作做得很细，对可能出现的问题考虑得很周到，防范措施也很得力，与当地政府的关系很密切，配合得很好，对你们的工作前委是很满意的。你和同志们辛苦了，我代表前委向你们表示感谢。"

我们和周副主席一起研究了毛主席过黄河的细节安排。

一九四八年三月二十三日

上午十一时，毛主席、周副主席、任弼时同志来到渡口。

我见毛主席走来，忙迎上前去，与主席的双手紧紧握在一起。毛主席一面拉着我的手向渡口走去，一面观察到我的左眼有些浮肿，关切地问："这眼睛怎么肿了？人也黑了，瘦了。"

我说："可能是睡觉少了。"

主席说："把你累成这个样子，真够辛苦了！我听恩来说你们把东渡黄河的工作做得很好，前委很满意。看来，我可以放心大胆地过黄河了。"

毛主席大步走到河边，看到黄河的水很黄，他说："看来黄河上游水土流失很厉害，若干年以后，要整体规划和治理。"主席临上船时，对前来送行的人们说："我马上就要过黄河了，来不及向陕北老乡们告别，请你们转达我对他们的问候，谢谢他们一年多来对我们的大力支持。告诉陕北人民，我们不会忘记他们对共产党、对

毛泽东在过黄河的渡船上

人民解放军的一片深情和友谊。"

说完这番话，毛主席与县委的同志们和来到渡口送行的老乡们一一握手告别，踏上了早已准备好的渡船。

一九四八年三月二十三日毛主席、周副主席、任弼时同志和中央前委机关顺利渡过黄河，结束了一年多转战陕北的生活。

从一九四七年三月十八日撤离延安，至一九四八年三月二十三日东渡黄河，我随毛主席转战陕北，在王家湾住五十八天，小河镇住四十六天，朱官寨住二十九天，神泉堡住五十二天，杨家沟住六十四天，还有住一天至七天的地方，共计在四十多个村庄住过，共计三百六十八天。

1949年12月26日,首次访苏的毛泽东乘苏联专列抵达莫斯科车站时,受到苏联党政领导人布尔加宁(右一)、莫洛托夫(右二)等的热烈欢迎。右四为我驻苏联大使王稼祥。

随毛主席第一次出访苏联

1949年12月16日—1950年3月4日

引 言

一九四九年十二月至一九五〇年三月毛主席第一次出访苏联。这次出访是新中国成立后党和国家最高领导人最重要的外事活动之一。

一九四五年蒋介石曾派宋子文访问过苏联。那次访问，国民党政府与苏联政府签订《中苏友好同盟条约》，这个条约使《雅尔塔协定》关于中国的条款得以公开化、合法化。看得出那时斯大林还不相信中国共产党有能力统一中国。

以后在短短的两年多时间，中国共产党领导全国人民进行的解放战争使中国的局势发生了令人瞩目的变化。斯大林开始对中国共产党刮目相看了。

一九四八年四月，斯大林邀请毛主席访问苏联，毛主席接受邀请并准备访苏。为准备毛主席访问苏联，我曾三次被派往石家庄。第一次去石家庄前，任弼时同志把我找来，他对我说："你马上准备一下去石家庄，为毛主席出访苏联购置必要的物品和皮箱。"我去了石家庄，并买回八只皮箱和其他必需品。第二、第三次去石家庄都是为迎接米高扬做准备工作。

一九四八年夏秋季，中共中央派刘少奇同志访苏，向苏联方面介绍了中国革命的发展形势，中国人民解放军已经战胜国民党军队，准备成立中华人民共和国政府，希望苏联给予援助，帮助我们开展经济建设。

一九四八年冬，斯大林派米高扬作特使访问中国，专程到西柏坡来见毛主席。

为确保米高扬的安全，我和几个领导同志第二次去石家庄。我们带人先察看了机场位置，了解清楚飞机降落时的有关程序和应该做的保卫工作，然后返回西柏坡向毛主席、周副主席报告情况。在他们的指示、安排下，师哲和我第三次去石家庄迎接米高扬的到来。

我按预先规定好的信号买了三匹白布，在飞机降落地点，一横向北，摆了一个大大的"丁"字。米高扬乘坐的飞机从大连苏军机场起飞，直抵石家庄。飞机安全着陆后，米高扬和他的随行人员走下飞机，师哲同志与米高扬同车，我乘另外的一辆汽车，米高扬的其他随员分乘五辆吉普车于当天下午顺利到达西柏坡。毛主席、少奇、恩来、朱德、弼时同志在住所门口迎接他们。

毛主席同米高扬等会谈了好几次，双方各自介绍了本国的一般情况，并对当时国际局势的发展变化进行了分析，彼此交换了各自的看法。毛主席对中国战争形势的分析整整谈了三次。谈话中米高扬一般不插话，也不表态，他曾明确表示，他只带耳朵来听，一切问题待他回去向斯大林汇报后，由斯大林决定。几天的会谈使米高扬认为毛主席是一个有远见卓识、有战略眼光、懂得策略、很了不起的领袖人物。

米高扬一行离开石家庄，由朱德、任弼时同志送到机场，去机场前游览了石家庄市容，随后乘飞机回国。

米高扬这次来中国一是摸我们中国共产党的底，二是代表斯大林再次邀请毛主席访问苏联。毛主席接受了斯大林的邀请。鉴于毛主席正忙于指挥国内三大战役和农村的土地改革，请米高扬同志报告斯大林同志，待我们把蒋介石军队消灭得差不多了，大概在斯大林同志七十大寿时再前往苏联访问。

一九四九年春，我随毛主席、党中央一起进驻北京城。

一九四九年八、九月份党中央召开政协会议时，毛主席给我下达了准备出访苏联的指示。由我具体负责毛主席的保卫工作。毛主席对我说："新中国刚刚成立，社会情况很复杂，这次出访苏联一定要保密，不要作宣传。沿途的警卫工作你去找聂荣臻、滕代远、李克农、罗瑞卿等同志①商量着办。"我和他们几个人研究后决定，为确保毛主席此次出访的安全，派足够的兵力负责从北京至满洲里沿线桥梁、涵洞、制高点的警卫工作，由我负责毛主席的专列组织和身边保卫工作。

毛主席的专列由前卫车、主列车、后卫车三部分组成。前卫车由五个车皮组成，上驻五十个士兵和一些铁道工作人员；后卫车也有五个车皮，除有五十个士兵担任警卫外，还有毛主席给斯大林七十寿辰准备的礼品等。主列车由十个车皮组成。我安排了一个连兵力在前几个车皮内作警卫，我、叶子龙、李加吉同毛主席乘坐一节公事车。毛主席乘坐的公事车内共有四个房间：毛主席用中间的一间，我们几个人用后面的两间，前面还有一间做会客室。陈伯达、师哲同用一节公事车；滕代远、罗瑞卿同用一节公事车；其他人都乘头等卧。主列车还包括餐车、行李车等。

毛主席了解到苏联缺少新鲜水果和蔬菜，特地提前打电报给山东，请山东准备最好的大黄牙白菜、大萝卜、大葱、大鸭梨每样五千斤，由中央派飞机直接从山东运回北京。为了这次出访，我们还准备了江西景德镇青花瓷器一套；湖南湘绣被面三十条，枕套六十个；江西南丰桔一千斤，冬笋五百斤；还有浙江的龙井茶、贵州的茅台酒和上海的名烟等。

---

① 聂荣臻同志当时是中央军委代总参谋长；滕代远同志任铁道部部长；李克农同志任外交部第一副部长；罗瑞卿任公安部部长。——作者注

新中国刚刚建立，党中央领导同志的生活也是很艰苦的，除做了必要的衣服和买了必需品外，没有人提出其他要求。为了抵御苏联西伯利亚的寒冷，我们提议为毛主席做件呢子大衣，毛主席坚决不同意做。只同意做了一件呢子斗篷。

出访前一天，毛主席向我们宣布了三条纪律：

一、此次出访为秘密行动，对外不宣传、不带记者；

二、沿途各地可允许当地党政军领导两人来车上看望，其他人不要来；

三、在中国境内沿途不下车，也不准向地方要东西。

一九四九年十二月六日，毛主席、陈伯达、师哲、叶子龙、陈秉忱、沈剑心、李加吉、田树彬和我一行由中南海丰泽园出发，至北京西直门火车站登上去苏联的火车。到车站送行的有刘少奇、周恩来、朱德、聂荣臻、李克农等同志。

一路上我们可以看到铁道两旁布置好的岗哨。列车行至沈阳时，高岗上车，他要送毛主席到满洲里，毛主席没有同意。两天后我们到达满洲里，换乘苏联的火车。苏联方面准备的专列有前卫车，没有后卫车。主车编排以三个车厢为一组，互不相通。在苏联境内行驶约三十分钟左右，停在苏联境内奥特堡尔车站上。由苏联方面举行了简单的欢迎仪式，苏副外长拉夫伦捷夫致欢迎词，毛主席检阅了仪仗队。列车在苏联境内行驶一周后于一九四九年十二月十六日抵达莫斯科。

一九四九年十二月十六日

今日中午十二时我们抵达莫斯科北站（雅罗斯拉夫尔）。苏方莫洛托夫、米高扬、布尔加宁、维辛斯基、罗申等到车站迎接。

毛主席在欢迎仪式上发表了书面讲话。毛主席说："我这次能有机会访问世界上第一个伟大的社会主义国家苏联的首都，是一生中最愉快的事情。中苏两个大国人民之间是有着深厚友谊的，我衷心希望这次访问能加深这种友谊并获得成功。"

莫斯科天气冷得厉害，令人难以适应。隆重的欢迎仪式很快结束了。

欢迎仪式结束后，毛主席一行来到莫斯科西南郊二十七公里外的一个原斯大林别墅（姐妹河别墅）下榻。这是斯大林在卫国战争期间的住所。别墅不大，地上有三层：一、二层住人，三层有弹子房，地下室有厨房、警卫、工作人员住房、作战指挥设备等。叶子龙、师哲和毛主席住在一层。毛主席住的房间是一个套间，里间做卧室，外间做会客室，东头还有一间做办公室。陈秉忱、孙维世（她随萧华同志访问波兰、保加利亚后路过苏联留在代表团工作）、李加吉、田树彬等随行人员住在一层西面的三间房子里。陈伯达住在二层东面的一间大房子里，我和沈剑心同住在二层的一间房子里，二层还有一间主房留给周恩来同志。

当天下午六时（莫斯科时间），斯大林在克里姆林宫小会客厅会见毛主席。斯大林紧握着毛主席的手说："欢迎你来苏联访问，你很年轻，很了不起！你对中国革命、中国人民的贡献很大，你是中国人民的好儿子！祝贺你们取得了伟大的胜利，祝贺你们国家不断前进！"谈话的气氛十分热烈。

毛主席说："我代表中国共产党、中国人民及我个人向斯大林同志和在座的苏联共产党、苏维埃政府、红军元帅同志们问好！感谢你们对我的邀请。"

斯大林说："你来一趟不容易，我们可以好好谈谈，你有什么想法或愿望？"

毛主席说："这次来，一是为祝贺你的寿辰；二是来看看伟大的苏联，从南到北，从东到西都想看一看。"

一九四九年十二月十七日

毛主席因时差关系，莫斯科时间上午九时就起床了。

莫斯科的早餐：牛奶（茶、咖啡），煮鸡蛋，两块面包（一块黑面包，一块白面包），一小盘鱼子酱，一小块黄油。

其他食品毛主席都能接受，就是不喜欢喝牛奶，按他的老习惯，喝一杯热茶。

早餐后，毛主席要我去中国驻莫斯科大使馆接王稼祥大使来驻地议事，我要了汽车就去了。

到了大使馆门口，站岗的苏联民警不让进，也不让按门铃。我不会讲俄文，不能让他明白我的来意。只好回到车上写了一张条子，让门警交给边章武将军，让他到门口来接我进馆。这样我才进了大使馆见到王稼祥大使，并接他同车返回毛主席的住所。

晚饭前，毛主席召集陈伯达、叶子龙和我等开会。毛主席首先批评了陈伯达今天外出一天未请假，然后宣布以下几条纪律：

1. 外出要请假。陈、师、叶、汪外出得由主席批准，其他工作

1949年12月,毛泽东在莫斯科。

人员外出需经叶子龙、汪东兴批准。

2. 保密。代表团内的事情一概不得对外讲。

3. 不准向苏联接待部门索要任何东西。

4. 注意节约用电。

纪律宣布以后,我们向主席表示:为了国家的利益一定严格遵守纪律。

一九四九年十二月十八日

米高扬、维辛斯基来拜访毛主席,并陪毛主席吃晚饭。

晚餐:冷盘,红菜汤,三道热菜。热菜有罐焖鸡,土豆烧牛肉,烤鱼。毛主席的食欲不错,吃得津津有味,还很有兴致地与客人共饮葡萄酒。饭后还吃了一些甜点心，遗憾的是没有猪肉吃。

我们七人和主席一起在一个长餐桌上用餐，所用的餐具都是沙皇时期用的餐具，金光闪闪，很精致，很漂亮。

随米高扬而来的福特林同志对毛主席说："毛泽东同志送给斯大林同志七十寿辰的礼单，已呈斯大林同志看过了。斯大林同志非常感谢。"

晚饭后送走了客人，主席忙于看国内来电，并拟复电报稿如下："国内军事正准备向海南岛渡海作战。关于渡海作战应注意潮水与风向。运载船携带足够的粮食，登陆后建立稳固滩头阵地，然后建立有独立进攻能力的基地。总之，不能轻敌。"

一九四九年十二月十九日

毛主席一天忙于处理国内事务，包括与缅甸建立外交关系的问题，国内有关的人事安排问题等。

一九四九年十二月二十日

莫洛托夫、米高扬来访毛主席。主要谈及斯大林同志七十寿辰的庆典安排问题。

他们介绍说：在斯大林同志七十寿辰的庆典上马林科夫代表苏共致贺词，各国共产党代表团将在会上致贺词，中国共产党代表团毛泽东主席的致词被排在各国代表团的首位。毛主席非常感谢他们的安排。

送他们走后，毛主席问我们："参加庆典的请柬你们收到了吗？"

我们回答说："收到了。苏联同志安排得很周到，陈伯达、王稼祥、朱仲丽、叶子龙、汪东兴是在大戏院二楼的包厢票，师哲同志随主席上主席台,陈秉忱、沈剑心、李加吉、田树彬都发了入场票。"

一九四九年十二月二十一日

今天是斯大林七十寿辰。莫斯科大剧院内隆重举行庆典。毛主席作为贵宾在斯大林身旁就座,由苏共派一位上校专门负责保卫。我们按苏共预先的安排坐在剧院的包厢内,只有师哲随毛主席坐在主席台上。

马林科夫代表苏共中央颂述斯大林的功绩。庆典上共有十三个国家的代表讲话,毛泽东主席代表中国第一个致词,受到热烈欢迎,全场三次起立长时间鼓掌。毛泽东主席说:"我参加庆祝斯大林同志七十寿辰的盛会,心情甚为愉快。斯大林同志是世界人民的导师和朋友。他发展了马克思列宁主义的理论,并对于世界共产主义运动的事业作了极其杰出和极其宽广的贡献。中国人民在反抗压迫者

毛泽东出席斯大林七十寿辰庆祝大会

的斗争中，深切地感觉到斯大林同志的友谊的重要性。

"在这个盛会上我谨以中国人民和中国共产党的名义对斯大林同志的七十寿辰表示诚挚的祝贺，祝福他的健康与长寿，祝福我们伟大友邦苏联在斯大林同志领导下的幸福与强盛，并欢呼世界工人阶级在斯大林同志领导下的空前大团结。"

一九四九年十二月二十二日

莫斯科下大雪。

毛主席对我们说："今天外面积雪很厚，树上挂的雪花多好看呀！我想去散步踩雪。"

李加吉说："刚办完公，是否吃点东西再散步？"

我说："外面冷得很，有零下三十度。"

毛主席说："虽是冬天，可这房间里却像夏天，你们看外面才是真正的冬天景色。我们来这里观赏莫斯科郊外雪景也是难得的机会，散了步回来再吃饭，吃得更多更香。冷怕什么！多穿点衣服就是。"不由分说，穿上斗篷，戴上皮帽子，拉了我们就向积雪走去。

雪有一米多厚，我们很费劲地走了三十多米，遇到派到主席身边担任警卫的那个苏联上校带着一些士兵正在铲雪，毛主席向他摆手不让他们把雪铲掉，上校笑着坚持要铲。

毛主席散完步回来换了鞋和衣服，洗完脸，与我们一起吃饭。吃饭中主席对我们说："现在我在外国，外事不多，主要还是在办国内的事。中华人民共和国成立以后，除社会主义国家外，资本主义国家、亚洲一些国家都要同我们建立外交关系。昨晚看到国内报告，缅甸政府要同我们建立外交关系，我已电告少奇、恩来同志办理，其条件就是要与国民党政府断绝一切外交关系。如同意就派人来商谈，谈好后要在报上公开发表消息。对一切资本主义国家都应如此。"

下午四时三十分，王大使来主席住处告诉说："波兰、捷克、东德都想和中国做生意。"

主席说："这是好事，我们也愿意同他们做生意。这样除了苏联以外又有三个国家即将同我们发生通商贸易关系。我相信不久的将来英国、日本、美国、印度也会有生意同我们做。"

晚上在克里姆林宫举行为庆祝斯大林同志七十寿辰的盛大宴会。毛泽东、陈伯达、王稼祥、朱仲丽、师哲、叶子龙、我以及陈秉忱、沈剑心、李加吉、田树彬等都出席了这次宴会。毛主席的座位在主桌斯大林的旁边。宴会凉菜很多，热菜只有三道，酒水点心摆满了餐桌。各国代表轮流祝酒。毛主席代表中国向斯大林敬酒也是排在前面。席间穿插着各种文艺节目，有音乐、舞蹈、杂技等。

宴会从晚上八点开始一直持续到第二天凌晨一点多才散。

宴会结束后，毛主席不习惯这种马拉松式的宴会方式，感到累了。我们安排毛主席来到中共驻莫斯科的办公楼上休息。这是一栋旧式洋楼，有一个不大的院子。毛主席在二层休息。主席说："我不知道苏联的宴会怎么这样长？吃也没吃好，看也没看好，鼓了一晚上掌。我们回去不能学这个。吃饭就好好吃饭，看戏就好好看戏。"毛主席还说："宴会的人那么多，每道菜每人一份，都要服务员送到每位面前，他们的服务员真不少，太辛苦了。"

一九四九年十二月二十三日

清晨五时，毛主席由中共驻莫斯科办公楼回到驻地休息。下午六时，王稼祥同志来向主席通报，苏共中央政治局以及斯大林同志按事先约好的时间从明天开始同毛主席会谈。

毛主席决定，由他、陈伯达、王稼祥参加会谈，师哲为中方翻译。

一九四九年十二月二十四日

今天，毛主席和斯大林开始正式会谈。

我跟着主席去了，因会谈戒备森严不让我们进去，我们就在克里姆林宫值班室里等候。五小时后会谈结束，回到驻地，毛主席问我："吃过东西没有？"我说："喝了一瓶汽水。"毛主席说："等的时间太久了，下次不要跟去了，让苏方负责保卫安全，你们在驻地等我。五小时后让田树彬准备一顿饭给我回来吃。"主席吃过饭休息一会儿，下半夜办公，处理国内战场进展、人事安排等。下半夜我值班时，有好几份国内来的电报送主席处理，毛主席亲自起草回电。

一九四九年十二月二十五日

中午，苏联上校报告说："斯大林同志有电话来，请毛泽东主席接电话。"毛主席通过翻译孙维世与斯大林交谈。

1949年12月，莫斯科郊外住地。左一：毛泽东，左二：汪东兴，左三：沈剑心，左四：孙维世，左五：叶子龙。

斯大林同志在电话中十分关心毛主席在苏生活是否习惯，表示要前来看望，但他的保卫人员和保健医生不让他出门，毛主席对此表示感谢，劝他不要来了。

从北京出发时我带了一本书《瀛台泣血记》，到莫斯科后抽空看了三分之二。毛主席在我坐的椅子上发现了这本书，借去看了。

晚上我们看了一个卓别林主演的喜剧片。

一九四九年十二月二十六日

毛主席起床后，叶子龙同志向主席报告说："王稼祥同志来电话说今晚七时继续会谈，他晚六时左右来接主席一起去。"

今天的会谈一直进行到夜里十二时才结束。

毛主席处理完国内的事在会客室里散步，推门出来看我在看书，问我："又在看什么书？"我说："在中国大使馆借了一部《水浒》。"主席说："《水浒》这部书有一百回本，有一百二十回本，你看的是哪种？"我说："我借的这部是一百二十回的线装本。"主席说："有时间就看点书是增加知识的办法之一，孔子说，默而识之，学而不厌，诲人不倦，何有于我哉。"

一九四九年十二月二十七日

今天会谈结束后，毛主席对我说："一个国家要了解别国的情况，在大的方向性问题上是可以的，但对复杂的转折和发展过程，深透了解有一定难度。关于中国革命的性质、任务、现阶段的情况在少奇同志访苏时已向苏方详细介绍过，这次当我谈起这些问题时斯大林同志说，胜利者是不受审判的，凡属胜利者都是正确的。"

毛主席和我谈到与斯大林会谈的一些情况。斯大林原来受雅尔塔会议的影响，坚持要中国人民解放军不忙打过长江，要我们先以长江为界与国民党进行谈判。中国共产党提出了谈判条件，中国国民党派张治中先生为团长来谈判，由于蒋介石仍坚持反动立场，使谈判失败了。苏方还提出中国东北地区仍由苏联与中国共管；苏联租用旅顺、大连港，还有中长铁路。实质上还是对中国共产党的能力有怀疑，对国民党存有希望。毛主席说："中国人民的任务是要在第二次世界大战结束、日本帝国主义投降后，在政治上、经济上、文化上完成新民主主义的改革，实现国家的统一和独立。然而恰在这时，美国帝国主义代替日本帝国主义反对中国人民的解放。在这种时候，如果我们表示软弱，表示退让，不敢坚决地起来用革命战争反对反革命战争，中国就将变成黑暗世界，我们民族的前途就将被断送。中国共产党依据马克思列宁主义的科学，清醒地估计了国际和国内的形势，知道一切内外反动派的进攻，不但是必须打败的，而且是能够打败的。"

毛主席在会谈中，坚持独立自主的立场，以大量事实证明中国共产党有力量解放全中国，也有能力管理统一全中国，我们对中国任何一块土地都有不容置疑的主权。我们在管理方面有不懂的地方可以请苏联老大哥帮助我们，但自主权是绝对不能放弃的。通过几次谈话斯大林很佩服毛主席的雄才胆略，对毛主席以及中国共产党加深了了解。

一九四九年十二月二十八日

深夜，毛主席对我说："等我把国内的事情处理完了，我有话对你讲。"

毛主席办完公，把我叫来，对我说："最近斯大林同志交给我一份有关中国问题的信。这封信中涉及中国共产党内部的问题，我看是有人提供材料，让别人写，告洋状。"

毛主席问我："你知道什么是告洋状吗？"

我说："就是向洋人告状嘛。"

主席点头同意。

事情是这样的，在与斯大林的会谈中，斯大林将苏联派往东北铁道系统专家柯瓦廖夫给他的一封信交给毛主席看了。斯大林解释说，"这封信是柯瓦廖夫自己写的，不是我们授意的。他不是搞政治的，只是一个技术人员，却往政治里钻，这是很不恰当的。"

一九四九年二月二十九日

毛主席起床后在院内散步。毛主席散步喜欢走积雪厚的地方，苏联上校怕主席冻坏脚，劝毛主席不要走积雪厚的地方，主席让孙维世告诉他："雪是干净的，下过雪后，空气新鲜，对人体有益，踩完了雪回到房内换一下鞋袜，不至于冻坏脚的，请上校放心。"

晚上吃过晚饭后，一起看了一个保卫斯大林格勒的记录片。

毛主席办公到深夜。

一九四九年十二月三十日

毛主席起床后坚持散步，食欲有所增加。

下午二时许，王稼祥大使来到毛主席处，说："现在各国驻苏大使、新闻界人士正在打听毛主席的行踪，纷纷议论说毛主席不知去向了。"毛主席听了大笑说："毛泽东现正在莫斯科某地休息，怎么不知去向了？"王稼祥大使说："有一个星期报纸上未见报道你的活动了。"毛主席说："近来确实外事不多。坐冷板凳。"

一九四九年十二月三十一日

毛主席散步回来，一边喝茶一边对我们说："今天是什么日子？"

我们大家回答说:"十二月三十一日。"

毛主席说:"今晚要过年了,在国外过新年我还是第一次,在伟大的苏联莫斯科过新年更有意义。晚饭除苏联菜外再加两个中国菜。明天吃饺子就难办了。"

我们说:"毛主席想吃饺子,大使馆可以包好了送来。"

主席说:"我是吃米饭长大的,北方人不吃饺子过不了年。"

下半夜毛主席办完公,在会客室向我要海南岛的地图看。他边看边说:"海南岛现在正是好季节,我军要解放海南岛不要错过好时机。"

一九五〇年一月一日

今天临睡前毛主席对我说:"二层除陈伯达和你住的房子外是否还有空房?"

我回答说:"还有一间主房。"

主席说:"这间房留给恩来总理用,等总理一行来莫斯科后,你从二层搬下来,把你的房间让给总理的随行人员住。"

我说:"照主席的意思办。"

毛主席对我说:"苏联十月革命一声炮响,给我们送来了马克思主义。中国共产党的成立给灾难深重的中国人民带来了光明的希望。以中国共产党为代表的先进的中国人,开始把社会主义作为奋斗目标,于是,中国的面目就起了变化。但是马克思主义没有、也不可能给各国革命提供现成的答案。只有把马列主义的普遍真理同中国的实际相结合,揭示中国国情的路线、方针、政策,才能取得革命的胜利。在这方面,我们党曾经历了一个艰难的由不认识到认识、由不成熟到比较成熟的过程。党在相当长一段时间里,曾被主观主义所统治。其中危害最大的是以王明为代表的教条主义错误,给中国革命事业造成巨大灾难,几乎使党陷入绝境。"

最近几天这里的工作有了一个重要的发展。

中苏会谈开始进入实质性会谈。双方谈及"中苏友好同盟互助条约"问题。毛主席说:"中苏友好同盟互助条约"可以先酝酿,至于条约本身是两国间的事情,由周恩来同志率代表团来谈。斯大林同志当即同意了毛主席的意见。

下午,莫洛托夫、米高扬来到毛主席住处谈及安排毛主席一行在莫斯科和列宁格勒参观的具体事宜。

这时,有消息说英国通讯社造谣:斯大林把毛泽东软禁起来了。对此,苏方有些着慌。毛主席访问苏联是新中国成立后,党和国家最高领导人同苏联党和政府最高领导人的第一次直接会晤,是最重要的外交接触和谈判,理所当然要引起国际舆论的高度重视。但十几天来竟没有在报纸上见到有关的消息报道,双方会谈有什么实质性的进展,这是西方人士不能理解的,当然要引起世人的种种猜测。

大家为此都很着急。王稼祥大使提出让主席以答塔斯社记者问的形式,在报上公布主席访问苏联的情况。这个建议得到了大家的赞许。

一九五〇年一月二日

苏共《真理报》头版头条刊登《毛泽东在莫斯科答记者问》。

在《答记者问》中,主席说:"我逗留苏联时间的长短,部分地决定于解决有关中华人民共和国利益的各项问题所需要的时间。在这些问题当中,首先是现有的《中苏友好同盟互助条约》问题,苏联对中华人民共和国贷款问题,还有两国贸易和贸易协定问题以及其他问题。"并讲:"我还打算访问苏联的几个地方和城市,以便更加了解苏维埃国家的经济和文化建设。"

《答记者问》发表后，谣言不攻自破。

毛主席得知此消息说："我曾讲过，帝国主义的逻辑和人民的逻辑是这样的不同。捣乱，失败，再捣乱，再失败，直至灭亡，这就是帝国主义和世界上一切反动派对待人民事业的逻辑，他们决不会违背这个逻辑的。这是一条马克思主义的定律。"

下午八时，莫洛托夫、米高扬来到毛主席住地谈"中苏友好同盟互助条约"问题。

毛主席说："中苏签订新的友好同盟互助条约，使中苏关系在新的基础上固定下来，这样做对双方都有极大的利益。"

莫洛托夫说："是新的条约，周恩来总理可以来莫斯科谈判签订。"

一九五〇年一月三日

今天毛主席的精神特别好，散步时有说有笑对我们说："今天《人民日报》全文转载了我的《答塔斯社记者问》，现在那些不知我去向的人应该明白了。"

一九五〇年一月四日

午饭时我放了一张京剧唱片给主席听。

毛主席边吃边对我们说："现在国内的前线指挥员德怀、小平、伯承、贺龙同志正在研究筹划进军西藏的问题。西藏人民盼望早日得到解放。咱们不能拖得太久，争取早日把事情办完赶回国内。"

一九五〇年一月五日

毛主席一直考虑着"中苏友好同盟互助条约"的问题，他对陈秉忱同志说："你写得一手好字，很有功力。新的'中苏友好同盟互助条约'定稿后，请你用行书抄写，作为一个历史性文献保存下来。"

陈秉忱同志说:"我将尽我最大努力抄好这个文件。正式抄写前我先抄好一页请主席审定。"

一九五〇年一月六日

毛主席睡觉的时间越来越往后推了。

今天早上七时还全神贯注地看国内来的电报。我们为毛主席这种过人的精力感到十分钦佩。

毛主席睡觉前对我们说:"我们来苏联快一个月了,时间过得真快。恩来总理正在组织二十人左右的代表团来莫斯科,我电告他们还是坐火车来较为安全。"

一九五〇年一月七日

中午王稼祥大使陪同苏联外交部长维辛斯基来毛主席住地谈苏联援助小丰满水库堤坝的建设问题。

一九五〇年一月八日

毛主席起草电报发给周总理:联合国安全理事会的中国代表还是国民党政府的代表,现在中华人民共和国成立了,他留在联合国安理会是非法的,应该请他出去。此事请你拟电报致联合国安理会表明我们的立场。

一九五〇年一月九日

毛主席今天谈到中国人吃饭难的问题。

中国地广人多,老解放区的农民宁肯自己少吃或吃菜糠,也要把粮食省下来支援前线的解放军。新解放区的人民长期受国民党的统治,生活无保障,粮食更为困难。边疆少数民族地区有钱都买不到粮食，所以中国人吃饭难是个普遍的大问题。解决的办法只有一个，发展农业，扩大粮食耕作面积。延安时期王震同志率领的三五九旅在南泥湾开荒种地，解决了陕甘宁边区一部分部队的吃饭问题。现在仗打得差不多了，准备再调一部分部队到东北、热河等地从事农业生产，解决粮食、大豆及甜菜供应不足的困难。

一九五〇年一月十日

中华人民共和国政府代表团今天由北京乘车前往苏联。代表团由周恩来总理任团长，团员有东北人民政府副主席李富春，贸易部部长叶季壮，外交部苏联东欧司司长伍修权，东北人民政府工业部副部长吕东，东北贸易部副部长张化东，及赖亚力、欧阳钦、柴树藩、程明陞、常彦卿、沈鸿、苏农官、王勋、聂春荣、罗维、何谦，还有新疆的赛福鼎、邓力群。代表团还包括随毛主席来莫斯科的陈伯达、王稼祥、师哲、叶子龙、汪东兴、陈秉忱、沈剑心、孙维世、李加吉、田树彬。

这个颇为壮观的代表团，由毛主席、周总理为总代表将进行解决"中苏友好同盟互助条约"的有关谈判问题。

一九五〇年一月十一日

我们和毛主席一起晋谒列宁墓。之后毛主席、王大使、陈伯达、师哲等去克里姆林宫会见苏联最高苏维埃主席什维尔尼克。什维尔尼克对毛主席说："欢迎你来苏联，很高兴见到你，衷心祝你们访问成功。"毛主席向什维尔尼克介绍了中国革命的具体情况，毛主席说："中国大陆的蒋介石军队已被我们消灭了，跑到台湾岛、金门岛的敌军我们将考虑用文的方法解决。"什维尔尼克专心地听着。他很关心中国的事情。

我和叶子龙、陈秉忱、沈剑心、孙维世、李加吉由苏上校引导参观了克里姆林宫的大厅、展览室。克里姆林宫建于一一五六年，宫内建筑包括克里姆林宫、多棱宫、斯巴斯卡雅宫和钟塔。克里姆林宫是俄国历代帝王的宫殿，十月革命胜利后克里姆林宫成为苏共中央、最高苏维埃、红军统帅部所在地。

一九五〇年一月十二日

今天我们参观莫斯科地下铁道，我们乘上地铁来到莫斯科大饭店站下车，看到地铁车站是用红、黑两色大理石装修的，墙上有著名画家的画像，彩色电灯装饰，使整个车站壮观美丽。

在莫斯科郊区参观了一座兵工厂。这个厂制造常规武器。工厂很大，我们只参观了一个装配车间。然后参观了一个集体农庄，农庄的所有耕作基本实现机械化。这个农庄还有一个奶牛厂主要供应莫斯科鲜奶。

一九五〇年一月十三日

毛主席看国内来电：关于海南岛作战问题。

毛主席认为，旧历年前准备工作来不及，则不要勉强。不要依靠北风，而应依靠改装机器的船去准备，争取春夏两季内解决海南岛问题。海南岛的敌军战斗力较差，又有冯白驹作内应。请叶剑英、方方特别注意此事。应与邓华、赖传珠、洪学智部队建立直接电台联系。最好争取敌军起义，在目前形势条件下是可能的。

毛主席说，解放舟山群岛、金门的问题，要调查敌情、民情、地形、船只、兵力和后勤等情况。请粟裕、叶飞同志到北京与聂荣臻、刘亚楼等同志研究商量如何做好这些工作。

一九五〇年一月十四日

毛主席仍忙于国内的大事。同意中共中央关于土改及征粮等项工作的指示，并请少奇同志转发给各中央局和各省市委研究这些指示，并要他们提出自己的意见，然后再报中央。

晚上十时，我们陪毛主席乘火车去列宁格勒访问参观。同行者有王稼祥、陈伯达、师哲、我等。叶子龙和一些技术工作人员留在莫斯科工作。主席临行前嘱咐叶子龙："在我们去列宁格勒期间，国内电报可照常发来，待我回来后处理。"

一九五〇年一月十五日

毛主席抵达列宁格勒。

列车到达火车站时，毛主席受到列宁格勒市苏维埃主席库兹涅佐夫、市委书记利亚诺夫等同志的热烈欢迎。毛主席同他们亲切握手，对他们的热烈欢迎表示感谢。毛主席对他们说："为了争取时间，不要太麻烦了。还是多看些地方才好。"苏联同志看来很理解中国同志的心情，立即送我们上汽车，直接由车站去波罗的海芬兰湾。

来到海边十月革命的发源地喀琅施达特要塞，毛主席提议去冰上走一走。我们大家一起下了车，在要塞附近的冰面上走了几十米。我们看到了已经成为博物馆的"阿芙乐尔"巡洋舰。毛主席深有感慨地说："伟大的十月革命从这里一声炮响，革命的潮流从此不可阻挡。"

毛主席一定要去看列宁曾住过的茅草房，我们的汽车到达茅草房附近时大雪纷飞，草房被大雪覆盖看不清楚。

毛主席在列宁格勒下榻于斯莫尔尼宫，即冬宫。我看到冬宫的墙上挂了一幅十月革命时炮击冬宫的"阿芙乐尔"巡洋舰的油画。我们休息一会儿，吃了些点心，便去参观冬宫艺术馆。冬宫艺术馆即沙皇的办公室、客厅、藏书室、寝室、休息室等。之后又去参观了基诺夫机器制造厂，还去郊区参观卫国战争时期保卫列宁格勒的防御工事及战场残迹。

晚上八时，出席市招待会，饭后去基诺夫剧院看芭蕾舞《巴亚捷尔卡》。演员的表演技术很出色，特别是列别杰娃的表演艺术水平相当高超，掌声中六次谢幕。毛主席派王稼祥做代表登台向演员们献了花篮。毛主席离开剧院时，观众全场起立热烈鼓掌欢送。毛主席向观众挥手致意。可见苏联人民对中国革命取得的胜利的欢呼，对中国人民领袖毛主席的尊敬和爱戴。

一九五〇年一月十六日

毛主席起床后让李加吉来我房，告我："主席要马上出去办事，快走。"我马上来到主席住房，主席对我说："马上通知王稼祥、陈伯达、师哲准备上车，请王大使转达我们对列宁格勒负责同志的谢意。今天白天就乘火车走。"

很快火车就安排好了。库兹涅佐夫、利亚诺夫到车站送行，毛主席和他们一一握手，笑容满面地说："十分感谢！请你们代我们向英雄城市的人民问好！"

列车行进中，毛主席在客厅车厢内向外远望，自言自语道："真是雪的海洋，苏联人民的骄傲。"毛主席回过头来问我和李加吉："在列宁的故乡参观访问，有什么感想啊？"

我们思索了一下回答说："列宁格勒是苏联十月革命的起点，是列宁同志领导的革命中心。在卫国战争的列宁格勒保卫战中，列宁格勒的人民做出了巨大的贡献，不愧是英雄的城市，英雄的人民。"

毛主席接过我们的话说:"第二次世界大战德意日法西斯妄想称霸世界,欧洲是德意,亚洲是日本,但他们的凶残气势,吓不倒欧亚两洲的人民。"

毛主席又转过头去看雪景。主席说:"看到这样又广大又深厚的雪景真不易呀!特别是由列宁格勒到莫斯科之间的路途在白天乘车观到这样的雪景更是难得。咱们来时是晚上为什么也能看很远,你们知道吗?"

我说:"是时差和雪的反射。"

主席说:"列宁格勒已靠近地球北极了,这里冬天夜长,每年总有几天昼夜难分,这叫白昼,一年四季中这里冬季最长。"

我们说:"这样冷的天气,这么厚的雪对农业生产不利。"

主席说:"当然,这里每年只能种收一次粮食。但苏联土地多,农业机械化程度高,粮食的总产量还是高的。"

主席坐下来说:"接着谈谈对列宁格勒的印象好不好?"

我说:"这次随主席来列宁格勒,特别对列宁格勒人民的顽强精神感受深。希特勒围攻列宁格勒几个月,断绝了几乎所有通往列宁格勒的道路,在极其困难的条件下,列宁格勒的人民坚决不屈服,硬是坚守下来,他们是真正的英雄。"

主席说:"一九四一年六月二十二日,希特勒向苏联发动背信弃义的军事进攻。当时希特勒用在苏联前线的有精锐的一百七十个师团。苏联的陆地上大军压境,天空中飞机滥炸,那真是现代化的战争,坦克、飞机、大炮等机械化兵器在数量上德国开始占优势,一下子就使苏联暂时失掉了许多重要城市,如乌克兰、顿河、库班等。①一时间希特勒不可一世,吹牛说:'我们的进攻取得了决定

---

① 乌克兰是苏联加盟共和国,顿河、库班分属今俄罗斯南部罗斯托夫州和克拉斯诺达尔边疆区。——编者注

性的胜利，我们的军队是无敌的军队。'希特勒扬言，要在最短的时间里占领莫斯科、列宁格勒和斯大林格勒。但结果怎么样呢？他们包围莫斯科、列宁格勒几个月，久攻不下，希特勒的嚣张气焰被苏联红军和苏联各族人民阻挡住了，打下去了。"

毛主席又说："经过一年多的较量，战争开始向有利于苏联方面转折，苏联红军在斯大林格勒这一仗打得好，开始由被动转为主动，由战略防御转入战略进攻。"

我说："苏联各族人民在列宁的伟大旗帜下，在苏共的正确领导下，在红军最高统帅斯大林的指挥下，取得了反法西斯的伟大胜利。"

毛主席说："你讲的苏联人民取得胜利的原因还要加两条，一是和英美联合起来形成的反法西斯的统一战线；再就是世界人民支持和参加反法西斯战争。这其中包括中国共产党领导中国人民打败日本法西斯，法国戴高乐将军领导的反法西斯战争。"

毛主席说："苏联各族人民在苏联共产党的领导下，产生的力量是无穷无尽的。力量的源泉在于人民，在于苏联红军。苏联共产党是列宁同志创建的，在人民群众中享有很高的威信。列宁曾说过，战争是对每个民族的全部物质力量和精神力量的全面考验。苏联红军具有真正的英雄气概。苏联各族人民万众一心，在后方忘我地劳动，同红军的英勇战斗一样，有力支援了保卫祖国的史无前例的战争。法西斯侵略苏联是非正义的战争，苏联反法西斯战争是正义的卫国战争。正义战争不仅得到全苏联各族人民参加，还得到同盟者即全世界人民的支援。当然出力最大的还是苏联人民和苏联红军。苏联人民认识到保卫祖国的战争是不分民族、不分宗教信仰的共同事业，所以都挺身而出捍卫苏联，他们赢得了荣誉，赢得了反法西斯斗争的最后胜利！"

李加吉过来说："饭做好了，请主席吃饭。"

毛主席说："刚才我和东兴同志谈反法西斯战争的事情，你怎么不说话呢！"

李加吉说："我听得入神了。"

毛主席说："不能只带耳朵不说话。"

李加吉说："我们先吃饭，吃过饭再谈。"

毛主席说："我们是就地取材，谈谈对第二次世界大战遗迹的感想。"说完起身去吃饭了。

主席吃了饭后去房内休息了。

下午五时左右列车到达莫斯科。

一九五〇年一月十七日

主席起床后，要叶子龙将他离开莫斯科三天里国内发来的电文拿来看。主席一看文件，全神贯注。

晚上叶子龙值夜班，问起我去列宁格勒参观的情况。

我说："从哪儿说起呢？"

叶说："你对列宁格勒的印象怎么样？"

我说："列宁格勒这个城市建设得很好，街道笔直整齐。我们到达列宁格勒前，先去了芬兰湾，看了'阿芙乐尔'巡洋舰。当天天气不好，刮大风，下大雪，气温在零下三十几度。我们的汽车一到海边，毛主席、王大使、陈伯达和我下了车，毛主席就要下海去冰上走一走。海上冻了很厚的冰，冰上又覆盖着厚厚的雪，但积雪下面的冰不平坦，可能是结冰时风浪冲击造成的，所以海面上有很多很深的坡沟，步行其上还是很艰难的。我们扶着毛主席在海面上走了三十多米，毛主席的兴致很好。

因为风大雪大，列宁住过的茅草房我们没有看清楚。到了列宁格勒，参观了冬宫、战争遗迹，很受教育。"

我们正说得起劲，毛主席拿着已批复的电文出来找我们。我看了看手表，毛主席办公一直持续了五个多小时。

毛主席把电文交给叶子龙去办理，我留下值后半夜班。

毛主席在大厅里散了一会儿步，走到我值班的房间，看到我正在看《水浒》，问："快读完了么？"

我说："刚看完了六十五回，还有五十多回没看完。"

毛主席说："六十五回，是不是'托塔天王梦显圣，浪里白条水上报冤'？"

我说："是的，主席你对《水浒》这么熟悉，给我讲讲这个故事好不好？"

主席说："好啊，我就给你讲讲这个故事。"主席拿起书来念道："这一回是说宋江攻打大名府，一连数日，急不得破，宋江闷闷不乐。这天宋江神思疲倦，身体发热，头如斧劈，一卧不起。托塔天王晁盖梦中显圣，晁盖叫道：'兄弟！你不回去更待何时！'宋江梦醒吃了一惊，急起身问道：'哥哥从何而来？冤仇不曾报得，心中日夜不安，又因连日有事，一向不曾致祭，今日显灵，必有见责。'晁盖说：'非如此也。……贤弟有百日血光之灾，只除江南地灵星可治。你可早早收兵，此为上计。'宋江请吴用来到军帐中叙述前梦。吴用道：'既是天王显圣，不可不信其有。且今天寒地冻，军马亦难久住，正宜权且回山，等待冬尽春初，雪消冰解，那时再来打城，亦未为晚。'

"宋江道：'我只觉背上好生热痛。'浪里白条张顺说：'小时住在浔阳江时，因母患得背疾，百药不能得治，后请得建康府安道全，手到病除。'吴用道：'兄长梦晁天王所言，百日之灾，只除江南地灵星可治，莫非正应此人？'宋江道：'兄弟，你若有这个人，快与我去，休辞生受，只以义气为重，星夜去请此人，救我一命！'

吴用吩咐张顺：'带上金条、银子做盘缠，今日便行。'张顺别了众人，背上包裹，冒着风雪，舍命而行，将安道全请到梁山泊。安道全看后说：'众头领休慌，脉体无事，身躯虽是沉重，大体不妨。不是安某说口，只十日之间，便会复旧……'"

我津津有味地一直听着主席念完这段故事。

一九五〇年一月十八日

下午王稼祥大使来见主席。

王大使问："今晚十时我去接周总理，看主席还有什么事要我办的？"

主席说："代表团的接待工作已同苏方谈好，全部由他们安排，我们这里的人员就不要动了。"

王大使说："苏方安排代表团住在莫斯科大旅馆，他们给周总理安排了一个别墅，可能要去住一下为好。"

主席说："那等总理来后，与他商量再定。"

王大使与主席交谈完，即去安排中国代表团来苏接待事宜。

晚饭时主席一边吃饭，一边听京剧。

京剧听完，大家一时无话，默默地吃饭。

主席说："我看你们是想家了。今年的元旦是在莫斯科过的，春节也可能在苏联过，这很好么！在伟大的社会主义苏联过年，这是一生难得的机会，应该永远记住。

"我在从列宁格勒回莫斯科的路上，曾和汪东兴、李加吉同志谈过列宁格勒保卫战的情况。今天我们换个方式，由我和伯达提问题，大家来回答，内容是苏联卫国战争的有关问题。你们谁会答谁答，答不对、答不全时其他人可以补充。"

主席提问说："德国法西斯何年何月何日向苏联发动进攻？"

陈秉忱回答："一九四一年六月二十二日清晨，德国法西斯开始进攻苏联。"

主席问："苏联卫国战争中，哪几个城市战斗最激烈？"

沈剑心回答："列宁格勒、莫斯科、斯大林格勒，这几个城市的保卫战打得非常艰苦，双方伤亡都很大。"

毛主席说："答的基本正确。这几仗都是被动防守战，消灭德国法西斯主力后，苏联红军才由被动转为主动。"

主席继续提问："德国法西斯无条件投降是何年何月何日？"

叶子龙回答："一九四五年五月八日。"

主席问："二次大战期间，德黑兰会议是什么时候开的？哪些人参加？讨论什么问题？"

汪东兴回答："一九四三年十一月二十八日至十二月一日在伊朗首都德黑兰召开的德黑兰会议，斯大林、罗斯福、丘吉尔和苏、美、英三国外长参加。会谈中罗斯福、丘吉尔主要谈法国戴高乐、亚洲印度问题；斯大林想方设法讨论尽快开辟第二战场问题。"

主席说："基本答对了。斯大林在这次会议上争取尽快开辟第二战场的目的，是想从东西两面夹击德国法西斯。他还要求美、英两国给予苏联武器援助。事实上第二战场比此次会议商量的时间拖延了八个月才开辟。"

主席问："二次大战期间，雅尔塔会议是什么时间召开的？哪些人参加？会议的内容是什么？"

这时陈伯达插话说："不会提问题，还是主席提得好，我也参加回答问题。"

汪东兴接着回答提问："一九四五年二月四日召开的雅尔塔会议也叫克里米亚会议。参加会议的有斯大林、罗斯福、丘吉尔和三国外长，主要讨论东欧和波兰问题。"

主席问："二次大战期间，波茨坦会议是什么时候召开的？哪些人参加？讨论什么问题？"

孙维世回答："波茨坦会议于一九四五年七月十七日至八月二日召开，参加会议的有斯大林、丘吉尔、杜鲁门和他们的外长。会议讨论的问题主要有德国的未来，东欧各国问题，第二次世界大战后的战果分配，德国赔款的数额，对战犯的审判问题等等。"

主席说："答得不错。这次会议时间长，情况也比较复杂。会议期间丘吉尔在大选中落选，英国工党当选的艾德礼参加了会议。这次会议对日本法西斯发动侵略战争的问题达成了协议。"

主席接着问："日本法西斯什么时候对中国发动战争？什么时候投降？"

李加吉回答："一九三七年七月七日日本帝国主义从卢沟桥开始发动侵华战争，中国人民在中国共产党领导下抗战八年，到一九四五年八月十五日日本投降。"

主席说："中国人民抗战八年，蒋介石躲在四川峨眉山养尊处优。日本投降了，抗战胜利的桃子成熟了，他要下山摘桃子了，不合情理么！这桃子谁摘，要看是谁栽的，是谁浇水、施肥培育的。人民培育成熟了的桃子，他蒋委员长把手伸得长长的来抢收桃子，所以内战就不可避免了。"

主席接着说："这顿饭吃得好，边吃边谈二次大战中的问题，这是我们对这段历史的学习和认识，大家谈得不错，基本的东西都记住了。"

一九五〇年一月十九日

毛主席写了关于驳斥艾奇逊的无耻造谣的谈话。这篇文章是针对美国国务卿艾奇逊一月十二日在美国全国新闻俱乐部的长篇讲演的。艾奇逊的讲演以谣言掩盖美国侵略政策的实质，妄想用一切手段钻进中国，将中国变为美国的殖民地。

一九五〇年一月二十日

周总理一行到达莫斯科。王稼祥大使到雅罗斯拉夫尔迎接周总理。苏方到车站迎接的有莫洛托夫。周总理在车站发表讲话："我这次奉中华人民共和国中央人民政府主席的指示来到莫斯科，参加关于巩固中苏两大国邦交的会谈。"

下午五时，周恩来、李富春、王稼祥同志来到毛主席住所，商议与苏方谈话方针。

周总理的住所由苏方安排在莫斯科东北郊，离毛主席的住处很远，周总理向毛主席提出搬来一起住，毛主席很赞成。马上对我说："你去把房子调整一下，给总理一行准备房间。"

我随即由二楼搬到一楼，把我住的房间安排给总理的随员住。

一九五〇年一月二十一日

毛主席参加列宁纪念会，主持人在会上发表了简短的讲话。会后毛主席由斯大林及苏共政治局同志陪同在莫斯科大戏院看了关于列宁生平的电影。

李富春和我乘车前往纪念会的途中与一辆卡车相撞，我们的车子撞坏了，富春同志的腰也撞伤了。等我们赶到会场时，会议已经开始了。

晚上，毛主席对总理说："要向代表团的所有成员宣布纪律：（1）所拟文件不能遗失，不能泄露出去；（2）个人不能私自出去会客，有事要请假；（3）日常生活中有困难找李富春同志解决，不能向苏方接待部门索要东西。"

总理召集代表团所有成员开会宣布以上纪律。

一九五〇年一月二十二日

斯大林同志接见中华人民共和国代表团主要成员毛主席、周总理、李富春、王稼祥、陈伯达，参加接见的苏方人员有莫洛托夫、米高扬、维辛斯基、罗申。接见后，中苏双方举行会谈，讨论有关缔结条约的各项原则问题及工作方法。

斯大林说："今天我们两国领导人开始举行正式会谈。"

毛主席说："斯大林同志曾谈到过中苏关系问题是否以条约形式固定下来。现在新中国成立了，形势根本变化了，我们也认为中苏两国的关系以条约形式固定下来为好。条约的内容应包括政治、军事、经济、文化、外交等方面的合作。"

斯大林说："我同意谈条约问题，还有中长铁路问题、旅大问题、贸易问题、借款问题、民航合作问题等，都需要谈。"

毛主席说："中长铁路问题，旅顺大连问题可以写在另一个协定中。"

斯大林说："中苏条约应是一个新的条约，对《雅尔塔协定》可以不管它。旅顺问题的解决办法，一个是限定归还，在对日和约缔结后撤兵；一个是现在撤兵，但过去的条约形式暂不变更。"

毛主席说："我们同意前一个办法。"

斯大林说："大连问题由你们中国自己解决。"

毛主席说："中苏条约中涉及的许多具体问题，我提议双方委托几位同志具体去谈。中方由周恩来、李富春、王稼祥去谈，苏方由你指定。"

经过这次会谈，斯大林和毛主席都同意由小班子先进行会谈。

一九五〇年一月二十三日

双方小班子开始会谈。

苏方首先拿出一份"中苏友好同盟互助条约"的草案,这个条约是以一九四五年八月国民党政府代表王世杰和苏联政府在莫斯科签订的条约为基础草拟的。

周总理向毛主席汇报了此情况,毛主席说:"把我们起草的条约马上译成俄文交给苏方,他们拿的那个草案对我们无效。"

一九五〇年一月二十四日

毛主席、周总理、王稼祥、陈伯达、李富春同志在毛主席住所开会讨论充实条约内容文本。毛主席提议边讨论边译成俄文。伍修权、师哲、戈宝权、徐介藩在毛主席住所的一层用最快的速度将他们讨论的文本译成俄文并打印出来。

当天,我们把起草好的"中苏友好同盟互助条约(草案)"送交苏方维辛斯基。

一九五〇年一月二十五日

周总理向毛主席汇报我方负责起草的关于旅顺大连、中长铁路的协定草案今天已经完成。

毛主席对总理说:"我们还要搞一个声明。中华人民共和国成立时,我们已经宣布过旧中国与外国签订的一切国际协定、条约一概不予承认。但外蒙古独立是一个例外。外蒙古独立是国民党政府办理的,但是我们尊重蒙古人民一九四五年的公民投票,他们一致拥护独立。现在双方政府经过谈判确认蒙古人民共和国的独立地位。苏联也表示支持中国这一立场,同时也希望蒙古发表声明表个态。"

总理说："这样做比较好。"

一九五〇年一月二十六日

毛主席、周总理、李富春、王稼祥、陈伯达、叶季壮等同志讨论中苏贸易协定草案的修改问题，叶子龙和我等列席了这次会议。

一九五〇年一月二十七日

中苏代表会谈"中苏友好同盟互助条约（草案）"。由于中方准备的草案文稿内容充实，使苏方代表感到意外，会谈以此为基点进行讨论。

与此同时，毛主席、周总理继续研究条约中涉及的一些具体问题。如苏方向中方贷款三亿美元，年利百分之一的优惠，中方于一九五四年十二月三十一日至一九六三年十二月三十一日十年内还本付息等问题。

一九五〇年一月二十八日

毛主席这几天休息较好，吃饭以苏式西餐为主，有时加一两个中国菜，由田树彬大师傅做给他吃。大使馆的武官边章武负责采购，他非常关心毛主席和周总理的生活及健康，想方设法买来他们爱吃的菜。

午饭后，毛主席对我说："我们这次来苏联访问，苏方派来保卫我的上校和两位中校、三位少校昼夜值班，还有他们派来的司机、厨师、服务人员对我们态度十分友好，工作周到。你带上两瓶茅台酒、两盒龙井茶、两床湘绣被面等礼品代表我去克里姆林宫拜访一下苏联的卫戍司令，谢谢他们。"

一九五〇年一月二十九日

遵照毛主席的指示，事先通过保卫毛主席的上校同志与克里姆林宫联系、约定，上午十时，我和边章武同志在翻译的协助下准时去克里姆林宫与苏联卫戍司令会面，顺利完成了答谢任务。

一九五〇年一月三十日

毛主席与周总理会见新疆人民政府主席赛福鼎。毛主席说："现在我们正在进行'中苏友好同盟互助条约'的谈判，其中涉及新疆问题，请你抓紧阅读条约草案，有什么意见尽快向谈判代表提出。"周总理问："你能看汉文吗？有困难的话，请邓力群同志帮助读给你听。"

赛福鼎同志表示没有太大困难。汉文写不好，但可以看懂。

一九五〇年一月三十一日

毛主席惦念着任弼时同志正在莫斯科治病，要我代表他去看望任弼时同志。

我来到莫斯科皇家医院，看到任弼时同志时，任弼时同志非常高兴。

我说："毛主席非常关心你的身体情况，他要你安心治病。"

任弼时同志说："我知道毛主席工作很忙，曾打算到你们的驻地去看望毛主席，考虑到怕打扰他，所以一直没去。你回去见到主席代我问候他，等他有空时我再去看望他，请中国驻苏大使馆通知我。"

一九五〇年二月一日

我来到毛主席住房，主席正和总理商议事情。毛主席看我进来，转过身来对我说："越南民主共和国主席兼总理胡志明正在北京访问。胡志明同志是个中国通，他对中国特别是广东广西一带尤为熟悉。他是越南人民杰出的领导者和组织者。我和恩来同志已拟向国内去电，请少奇同志热情接待，并代我们问候胡志明主席。"

周总理接着说："中越两国已决定建立外交关系。胡志明主席访问中国后可能会来苏联访问。"

听了他们的讲话，我感到新中国成立后事情真多，朋友更多。

一九五〇年二月二日

毛主席与周总理商议英国驻中国的临时代办胡阶森所谈关于与英国建立外交关系的事情。毛主席要周总理按他们商议的结果向北京外交部发电照办。

一九五〇年二月三日

毛主席正为民主人士在各级政府中的任职问题苦苦思索，少奇同志来电报告毛主席有关人士的安排。毛主席看完电报指示：刘斐宜任中南军政委员会水利部长；贺耀祖任中南军政委员会交通部长；陈铭枢任中南军政委员会农林部长；黄琪翔任中南军政委员会司法部长，唐生智任湖南省人民政府副主席。上述人事安排，请考虑。我们返京后，在中央人民政府委员会讨论后，可能还会有些变动。

一九五〇年二月四日

毛主席与刘亚楼同志谈话。

毛主席说："我们不仅应该有强大的陆军，还应建立强大的空军,强大的海军。现在有起义的伞兵第三团,将来要归你空军建制。"

刘亚楼同志说:"这个伞兵团现在归第三野战军陈毅、粟裕同志指挥,他们的素质如何,我不大了解。"

毛主席说:"有一支跳伞部队好。以此为基础,加强党的领导,结合跳伞技术训练,可以不断提高这支跳伞部队素质。"

刘亚楼同志同意主席的意见。

一九五〇年二月五日

莫洛托夫、罗申来看毛主席并陪主席共进晚餐,席间谈到中长铁路、旅顺大连问题。

晚饭后,毛主席对我们说:"中国铁道的改造和建设问题已迫在眉睫。"

一九五〇年二月六日

毛主席、周总理率代表团部分人员参观莫斯科的汽车制造厂、飞机制造厂。

回来后在客厅休息时,毛主席对我们说:"中华人民共和国要先建立汽车制造厂,然后建立拖拉机厂,再后建立坦克制造厂、飞机制造厂。轻工业方面原来有点旧厂子,如食品厂、纺织厂、造纸厂、卷烟厂、糖厂,这些工厂正在修理,逐步恢复生产。"

一九五〇年二月七日

毛主席、周总理今天参观莫斯科的集体农场。首先由农场主席介绍农场的生产情况,该农场从播种到收获都是机械化。因为是冬天,到处是白茫茫的一片,所以只能参观农具修理厂、奶牛场、种

毛泽东等在莫斯科"斯大林"汽车制造厂参观

子研究科技站、职工活动俱乐部、食堂等。

参观结束后主席很疲劳，宽衣后就休息了。

晚饭时毛主席一边吃饭，一边说："集体农场机械化程度很高，大面积生产很有气魄。但给我个印象，亩产量并不高，合中国一亩产粮一百五十公斤，产量这样低，原因不是管理问题就是肥料问题。这样的产量与中国的牛耕人种差不多。"

有人说："是不是因为气候问题？"

毛主席说："不单是气候问题。加拿大和苏联的气候条件相似，为什么加拿大的亩产量要比苏联高呢？这里面的原因值得研究。"

一九五〇年二月八日

清晨三时，毛主席、周总理还在研究《中苏友好同盟互助条约》和各项协定中的有关具体问题。

主席说："近来各项工作进展较顺利，时间安排得很紧凑。"

总理说："自从我们拿出初稿后，苏方的态度有所转变。他们认为我们拟定的初稿明确，各条款是合理的，是经过认真考虑的。但对其中的某些条款还有分歧。"

主席说："一九四五年中苏签订的条约应该失效了。新中国成立后，情况发生了变化，需要重新确定中苏关系的原则。"

总理说："苏方已同意以这次签订的新条约取代一九四五年的旧条约，新条约在讨论过程中可能会有一些小的变化。"

总理走后，毛主席又和我谈话。

毛主席对我说："斯大林、罗斯福、丘吉尔在雅尔塔开会搞了个《雅尔塔协定》，他们对中国的新疆、东北很感兴趣，都想在世界上划分出自己的势力范围。

"我们和苏联会谈《中苏友好同盟互助条约》时指出：新的条约与《雅尔塔协定》是两个不同的问题。在我们双方内部讨论时，他们说东北、新疆不许第三国人进入，我们说东北还有二十万朝鲜人，有的还没有加入中国籍，怎么办？他们又答不出来，他们还是想按《雅尔塔协定》办事。他们给我们发来电报说：你们不能与国民党打仗，你们如果与国民党作战，你们这个民族就有灭亡的危险。这是什么话！如果说我们国家有灭亡的危险还说得过去，民族怎么能灭亡呢？所谓民族就是讲人么，几亿人口的大国怎么能灭亡呢？我是顶了他们的。"

一九五〇年二月九日

毛主席夜以继日地工作，除时刻关注中苏谈判的进展外，还忙于处理国内问题。

工作之间的休息就是散步，我陪主席在大厅里散步。

主席对我说："德国法西斯是一九四五年五月八日向美、英、苏三个盟国无条件投降的，苏联红军是一九四五年八月八日对日宣战的。当时我们还在延安么。"

我说："是还在延安。当时党中央召开了紧急会议，大家在讨论中一致认为中国人民打败日本帝国主义为时不远了。八月十五日，日本就投降了。"

主席继续说："中共中央八月九日曾就苏联对日宣战发表声明，指出由于苏联的这一行动，对日战争已处在最后阶段。在这样情况下，中国人民的一切抗日力量应举行全国规模的反攻，密切地配合苏联红军及其他同盟国军共同作战。"

我听了主席这段话后说："听刘亚楼同志告诉过我说，苏联红军从远东的双城子到西伯利亚的赤塔一线全面出击，向日本侵略军发动猛攻，势如破竹，所向无敌。"

主席点点头，继续散步。

一九五〇年二月十日

主席临睡前，让我去把陈伯达找来，讨论《人民日报》社论问题。

陈伯达很快来到主席面前。

主席对他说："稿子我已经看过了，做了修改，请你和恩来再看一下，然后发回国内，看他们还有什么地方需要修改的，请他们斟酌后定下来。稿子现在恩来那里，你可以去他那里拿来看。"

一九五〇年二月十一日

上午九时,富春同志来到毛主席住地,找叶子龙和我商量给在主席身边服务的苏方人员送礼致谢问题。

富春同志告诉我们,这次送礼的对象可以广泛一些,礼品主要有绣花被面十床,刺绣品三十件,瓷器十件,手工艺品四十件。这些礼品由中国代表团从国内带来,准备由代表团的两名代表出面分别送给他们。

根据富春同志的指示,叶子龙和我把在毛主席身边做服务工作的保卫人员、服务员、厨师、司机等列出名单,并根据情况将送给他们的礼品分类。

吃晚饭时,我们把送礼问题报告了主席。

主席听完汇报对我们说:"我们在莫斯科住了这么久,他们工作周到,服务热情,应该送点有中国特色的纪念品给他们,向他们表示感谢。每个人都送一件,怎么送法,你们与富春同志定。"

一九五〇年二月十二日

上午十时,苏联外交部礼宾司官员给中国代表团送来礼品。送给毛主席一件大衣料,送给周总理、陈伯达各一套衣料,师哲、汪东兴各一个烟盒,叶子龙、何谦各一块手表,陈秉忱、沈剑心、李加吉等每人一套衣料。

叶子龙、何谦和我代表中国代表团向苏方官员表示感谢。

下午二时,叶子龙和我代表毛主席身边工作人员向苏方工作人员送礼。

给苏方上校、中校、少校每人一床绣花被面,他们高兴极了,认为这是珍宝,表示要拿回家去挂在客厅里让全家及客人欣赏。

上尉及其他工作人员每人送给一件工艺品，他们对这礼品爱不释手，一致夸赞，表示要永远珍藏。

苏上校代表苏方工作人员向中国代表团、毛泽东主席表示感谢。

一九五〇年二月十三日

毛主席起床后先办公，把国内电文处理完后才同大家一起吃中午饭。

叶子龙和我向毛主席报告了双方送礼的情况，告诉他苏方工作人员非常喜欢中国代表团送给他们的礼品。

主席："礼品不在多，要能代表一个国家的特征，这样的礼品肯定受欢迎。"

中苏两国人民的兄弟情谊是不一般的。

一九五〇年二月十四日

今天晚上，斯大林和毛泽东同志参加了在克里姆林宫举行的《中苏两国友好同盟互助条约》的签字仪式，同时还签订了关于中国长春和旅大铁路及贷款等协定，随后中苏两国同时发表了公告。

新华社发表了毛主席修改过的社论：《中苏友好合作的新时代》。

一九五〇年二月十五日

我国驻苏使馆在莫斯科大都饭店举行盛大招待会，庆祝《中苏友好同盟互助条约》的签订，斯大林亲自参加了招待会，招待会上有中国几大名菜。苏联党政领导人、各国使节、苏联社会各界人士约五百人参加。

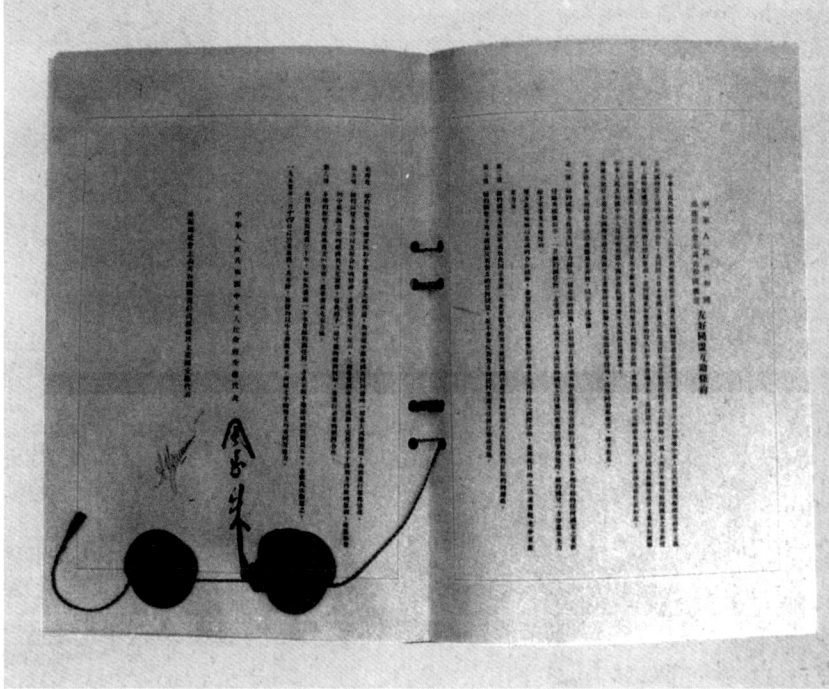

1950年2月14日，毛泽东与斯大林一起出席《中苏友好同盟互助条约》签字仪式。周恩来代表中国政府在《中苏友好同盟互助条约》上签字。（上）《中苏友好同盟互助条约》文本（下）。

一九五〇年二月十六日

斯大林在克林姆林宫举行盛大宴会欢送毛主席、周总理一行。

一九五〇年二月十七日

今天是中国的春节。

下午六时许,毛主席、周总理等来到中国驻莫斯科大使馆看望大使馆工作人员和留学生,并与他们共进晚餐。饭后举行舞会进行联欢。

当晚,毛主席和周总理率领中国党政代表团离开莫斯科回国。毛主席在莫斯科车站上发表告别演说:"我们相互间在中苏两大国人民根本利益的基础上所建立起来的充分了解和深厚友谊,是难以用言语来形容的。"

莫洛托夫、米高扬、维辛斯基等人到车站送行。莫斯科时间晚上十时三十分,列车徐徐开动,离开莫斯科站。

一九五〇年二月十八日

行车一天,今天到达斯维尔德洛夫斯克城。火车进站时已是深夜十一时左右,斯市负责同志已在车站久候了。他们安排毛主席参观机器制造厂的汽锤车间、联合电力和热力厂、斯维尔德洛夫大学。大学的领导及教授们在乌拉尔地质博物馆专门等候中国贵客。这所大学主要是研究乌拉尔地区的矿藏的。

毛主席、周总理感到参观的内容很多,很丰富。为了让苏联人民满意,多去一些地方,每到一个工厂、一个学校只能看一两个项目,否则时间的确成问题。

一九五〇年二月十九日

毛主席、周总理一行今天在鄂木斯克城下车参观了机器工具制造厂。工人情绪热烈友好。从市容看得出这是一个新兴的城市。

一九五〇年二月二十日

今天我们在新西伯利亚下车，参观了契卡洛夫飞机制造厂、枪炮制造厂。这两个工厂在苏联卫国战争中，制造出不少飞机大炮供应前线，曾做出突出贡献。

晚上，观看了芭蕾舞剧《伊戈尔王子》片段。当我们返回火车站时，又参观了车站新型调度室。

一九五〇年二月二十一日

毛主席、周总理在克拉斯诺伯尔斯克城参观了生产自动推进联合收割机的制造厂。然后去该市剧院观看了歌舞演出。毛主席回到火车上后对我们说："这些农机在中国只有东北、华北地区可以用，江南水田难以适用。据他们说亩产粮食一百五十公斤，那是广种薄收。"

一九五〇年二月二十二日

今天没有安排下车参观，毛主席和周总理在火车上会见了胡志明同志。

一九五〇年二月二十三日

今天是苏联建军节，毛主席致电斯大林表示祝贺。

晚上，毛主席在火车上设便宴招待苏联副外长，周总理作陪。为了感谢一直跟随毛主席做贴身警卫的苏联上校同志，毛主席让我请上校也参加了便宴，还特地向他敬了酒。

一九五〇年二月二十四日

今天参观伊尔库茨克的茶叶加工厂。这里加工的茶叶主要是从中国进口的。不论红茶、绿茶在此厂都被混合粉碎，然后袋装在苏联销售。

毛主席参观完后回到列车上说："真可惜呀！把那么好的龙井茶、毛尖茶与一般茶叶一起粉碎，不分良莠嘛！苏联人和中国人喝茶的习惯大不一样。他们对中国的茶叶不分春茶夏茶，不分花茶绿茶红茶，全都混在一起压成粉末，这样就喝不出来茶叶的不同味道了，可惜了。"

一九五〇年二月二十五日

今天天气不错。我们在赤塔下车参观了一所幼儿园，一所小学。孩子们为中国客人表演了一些小节目。

1950年2月，由苏联返回中国途经伊尔库茨克车站。前：周恩来，后：汪东兴。

一九五〇年二月二十六日

今天抵达苏联边界奥特堡尔站。苏联副外长拉夫伦捷夫来到毛主席的车厢内向毛主席做最后话别。

苏方专列及陪同人员将我们送到中国边界的满洲里车站。

我们先让毛主席、周总理换上中国专列休息,然后把苏方行李车上的礼品和行李搬到中国列车上。

叶子龙和我代表毛主席、周总理向苏联车上的保卫人员、列车工作人员告别致谢,并送给他们二十箱橘子和香蕉等水果。

毛主席亲自拟定电报发给少奇同志:"我们一行预计二月二十六日到达满洲里。尔后拟于海拉尔、哈尔滨、长春、四平、铁岭各停车一至三小时,到沈阳拟停留一至两天。请通知各地负责同志保守秘密,不要公开发表消息。至打虎山、锦州、山海关、唐山、塘沽、天津,均拟略作参观,均要保守秘密。到北京下车时,亦只要少数党内外人士(一百人左右)到车站迎接,此后再发表消息。"

今天胡志明同志到毛主席的车厢看望毛主席。

一九五〇年二月二十七日

今天到达哈尔滨。毛主席与专门前来迎接的高岗、罗瑞卿、滕代远、张策、杨奇清、汪金祥等见面时,非常高兴,和他们谈笑风生,从精神上看轻松不少。

一九五〇年二月二十八日

毛主席、周总理听取哈尔滨省委张策等同志的汇报。晚上他们请毛主席、周总理等吃便餐,有人提议请毛主席尝尝熊掌,毛主席说:"不用了,吃便餐就很好,不要再加菜了。"

1950年，满洲里车站。前左四：毛泽东，左二：周恩来，左三：汪金祥，左一：高岗，左五：孙维世，左六：滕代远。

一九五〇年三月一日

　　毛主席起床后，让我通知滕代远、罗瑞卿两位部长准备专列，一小时后上车出发。叶子龙和我对主席说："张策同志昨晚来说，想请毛主席为松江省和哈尔滨市题词。"毛主席欣然同意，随即到会客室题词。我和叶子龙去打电话安排专列的准备工作。

　　我们给滕、罗部长打完电话，安排好出发的工作来到会客室，毛主席已写完题词，摆了一地都是。

　　毛主席给他们分别题词为"发展生产"，"学习马列主义"，"不要沾染官僚主义"，"学习"，"奋斗"。

我们欣赏着毛主席的题词,毛主席对我们说:"革命就是解放生产力,革命就是促进生产力的发展。"

当日到达长春,参观长春市容后,在长春银行大楼休息。后来又去参观了伪满洲国皇宫和伪满办事的地方。

一九五〇年三月二至三日

这几日毛主席在沈阳逗留,住在沈阳铁道宾馆。听取了东北局高岗等同志的汇报;参观了沈阳卫生学校,并为该校题写了校名;还参观了沈阳故宫博物馆。

一九五〇年三月四日

毛主席、周总理安全抵达北京,受到党政军和各界代表的热烈欢迎。

1950年3月,沈阳铁道宾馆。左一:汪金祥,左二:汪东兴,左三:叶子龙。

毛主席第一次出访苏联之行胜利结束。

毛主席此次出访苏联从一九四九年十二月六日离开北京至一九五〇年三月四日回到北京，历时八十九天，其间从未间断过问国内大事，为新中国在国际舞台上树立了自己的形象。毛主席在两个多月访苏过程中，工作繁忙，精力充沛，正如斯大林评价的那样："想不到毛泽东是这样的年轻与健壮！"

1965年5月,毛泽东在井冈山。

随毛主席重上井冈山

1965年5月21日—1965年5月30日

五月二十一日（晴）

酝酿已久的毛主席重上井冈山之行，今天终于开始了。

上午十一点毛主席在湖南省委书记张平化及其夫人和省公安厅厅长李强、副厅长高文礼的陪同下，从长沙市陈山招待所乘汽车前往火车站。毛主席的专列于十二时五十分到达株洲。接着由株洲改乘苏制吉姆牌汽车，经醴陵、攸县，于下午七时许到达茶陵。稍事休息，吃过晚饭，然后安排毛主席在茶陵县委办公室里住了一夜。我们在办公室安置了一张床和日常简要的用具。为了不给当地增加麻烦，毛主席生活所需的物品，如窗帘、被褥、床及便桶等，都是我们事先按照毛主席的生活习惯自己带来的。

五月二十二日（晴转雨）

毛主席来到茶陵的消息不胫而走。一早，茶陵县委书记等领导同志就找到我说："毛主席来茶陵您应该事先告诉我们，我们好作安排。"

我说："怕惊动群众和干扰你们的工作。我们这次是路过茶陵去井冈山的。"

县委书记说："我的房子可以让给毛主席住。让毛主席住在办公室里，我们心中十分不安。"

我说："住办公室也蛮好，主席睡惯了自己的床。我们按照毛主席的基本生活需要和习惯带来了一些用品，不麻烦你们了。我代

1965年5月22日，毛泽东在茶陵。

表主席谢谢你们，请你们放心。"

县委领导同志心切地要求见毛主席。我向毛主席汇报后，毛主席高兴地说："当然要见嘛！路过一次茶陵也不易呀。三十八年前路过茶陵时很狼狈。那时我们秋收起义的队伍一部分被敌人追赶着，一部分被敌人阻截着，到茶陵吃、住都很困难。这一次来可完全不一样了！"

毛主席喝了一口龙井茶，点燃一支烟高兴地说："你先安排好，待我饭后就接见他们。"

早饭后，毛主席接见了茶陵县委、县政府领导班子全体成员。张平化夫妇、李强、我和徐业夫陪同接见，并与他们合影留念。照完相后，毛主席对大家说："这次我们就不能多谈了，要赶路，谢谢大家。"

茶陵的同志看到主席这样精神焕发，兴高采烈，自己的愿望又

1965年,湖南茶陵县委。前排左五:毛泽东,左六:张平化,左四:汪东兴,左七:徐业夫,左三:李强。

得到了满足,都使劲地鼓掌欢笑,目送主席上了汽车。

毛主席乘汽车由茶陵向江西方向进发。经莲花县,到达永新县。在永新县县委招待所休息,吃午饭。饭后会见了江西省委书记处书记刘俊秀,副省长王卓超、周克用、黄荣庆等同志和永新县县委领导同志。张平化同志和我陪同毛主席接见并与他们合影留念。

会见时,永新县委领导同志问主席午饭吃得怎样?毛主席笑着说:"这顿饭又吃到当年在永新吃过的新鲜腊肉、鸡、鱼、青菜,味道都不错,比当年吃得更香,而且是从从容容吃的!"

随即,又乘汽车由永新县向宁冈县井冈山方向开去。天黑之前就到了井冈山山腰处茅坪的八角楼。这里是毛主席当年工作和住过的地方。根据主席的意思,我们一行人没有下车,坐在车上围绕八角楼转了一圈。毛主席非常专注地看着八角楼,引起他无限的回忆。

由此不远即到达黄洋界。车刚一停，主席就下车快步走向山顶。毛主席满怀豪情地指着黄洋界周围的山峰叠嶂对我们说："这就是黄洋界！当年我们就是利用黄洋界的险要地形，经过和敌人的几次较量，把敌人赶下了山。那时为了减少伤亡，保存自己，我们在这里构筑了一些工事，给敌人很大打击。"接着主席说："东兴同志，你去那边看看，还有没有当年工事的痕迹？"我按主席指示的方向去查看了附近的地形，回到主席身边向主席汇报说："主席，有几个地方还依稀可以看出有当年构筑的壕沟式工事在。"

我们同毛主席一起站在海拔一千三百米高的黄洋界上，环视着黄洋界巍峨险要的地势，深为毛主席等老一辈革命家当年艰苦卓绝的革命斗争而敬佩。

1965年5月，江西永新县招待所。前排左四：毛泽东，左二：张平化，左三：刘俊秀，左五：汪东兴，左一：王卓超。

1965年5月22日，毛泽东与张平化在黄洋界纪念碑前。

毛主席和张平化夫妇在黄洋界上合影。然后我们驱车到茨坪宾馆。

在宾馆刚坐下来，稍事休息时，毛主席风趣地说："这可和当年大不一样了！那时敌人前堵后追，我们靠两条腿拼命走。这一千多里路走了半个多月。这次坐汽车两天就到井冈山，还是机械化快！"

五月二十三日（小雨转晴）

茨坪宾馆刚盖好不久，坐落在青松翠竹之中。毛主席住在宾馆一层，我们住在三层。

午饭后我去看主席。主席已起床，看上去精神很好。

我问主席："休息得怎么样？"

主席说："可以。休息得还好。这里现在的气候适宜，不冷不热。你们休息得怎样？"

我说:"休息得很好!"

主席说:"请你办两件事。第一,拟一个电报给中央、周总理,告诉他们我已安全抵达井冈山,请他们放心。这里山高路远,如没有急事暂不要送文件来。第二,安排工作人员和专列上的工作人员,还有湖南来的同志分批参观一下井冈山。最好请当地熟悉情况的同志帮忙介绍一下情况,让年轻人增加些历史知识。你抽时间去参观一下井冈山博物馆,回来向我讲讲展览室的情况。"

遵照毛主席的指示,我拟好了发给中央及周总理的电报稿,经主席审批后发出。

五月二十四日(晴)

今天有关同志分批参观井冈山。有的同志去五大哨口、黄洋界参观,有的同志去井冈山烈士纪念碑、井冈山博物馆参观。

1965年5月,毛泽东(左二)、刘俊秀(左一)、王卓超(左三)、汪东兴(左四)在井冈山宾馆合影。

我去井冈山博物馆参观。

井冈山博物馆坐落在茨坪西面，离我们住处茨坪宾馆仅一华里。博物馆里分五个展览厅，展示了从毛主席上井冈山开始，经过艰苦斗争，克服难以想象的困难，终于在井冈山建立革命根据地的斗争历程。展览馆收集了大量当年红军用过的实物，集中体现了毛主席等革命前辈在井冈山为中国革命做出的巨大贡献，对我的启发教育很大。

看完整个展览，我还有一些感觉。如有些展览品的处理比较零乱；有的地方文字说明不够清楚；有的历史事实介绍得不够完整……尤其是对当年井冈山红军的来历及组成情况没有说清楚；井冈山红色政权的建立经过有介绍，但组织机构等情况与毛主席著作上讲法不一致。这些问题在我脑子里萦绕着。

我参观回来后，和张平化、刘俊秀等同志一起吃饭时讨论过上述问题，他们亦有同感。

饭后不久，主席出来散步。我一边陪主席散步，一边向主席汇报了我今天参观井冈山博物馆的情况，将一直萦绕在脑子里的问题向主席提了出来。

我问主席："当年井冈山的红军是由哪几支部队组成的？"

毛主席说："当年井冈山的红军由四支部队组成。一支是我率领的秋收暴动起义的部队。这支部队在三湾改编成工农革命军第一师第一团，在井冈山时期被编为第三十一团。实际上只有两个营一个连的兵力，在永新、宁冈两县交界处驻扎。

"第二支部队是井冈山上原来有的两支小的农民地方武装。这两支小部队分别由袁文才、王佐领导。经过我们派人上山做工作，他们同意我们上山，并接受改编，但有一个条件即保留原来的建制，保留他们一定的独立性。这两支小部队后来改编成为三十二团，袁文才当团长，王佐当副团长，何长工被派去当党代表。

"第三支部队是八一南昌起义的部队。这次起义打响了革命武装反抗国民党反动派反革命武装的第一枪。在部队向广东潮州汕头进军时遭到失败，由朱德、陈毅率领的一部分部队退出广东，经闽、赣边转入湖南南部和湘南农军会合，并派人和我联系。当得知他们要上井冈山来的消息后，我曾带一个团到湖南桂东地区去接他们。结果由于当时联络困难，没有接到，只接到由萧克带领的一支小部队。我们回到井冈山后又听到有消息说朱德、陈毅已提前到达酃县（今炎陵县）与攸县交界的地方。我又再次下山去接他们，与朱德、陈毅的部队在湖南酃县会见。这样由朱德、陈毅率领的部队于一九二八年四月到达井冈山。这几支部队于五月四日在井冈山会师后组成中国工农革命军第四军（随后改称为红军第四军）。

"一九二八年十二月由彭德怀、滕代远率领的红五军也来到永新、莲花、宁冈一带与我们会合。这样，井冈山的四支部队对外称红四军、红五军。山上的人多了，吃、住都有困难，人员来自不同成分组成的四支部队，红军内部的矛盾也多了。但坚持党的领导，坚持三大民主，经过商讨，问题和矛盾都能不断得到解决。

"一九二九年一月，红四军主力部队开始离开井冈山，先后到赣南、闽西开辟新的革命根据地。在福建西部的龙岩、永定、上杭等县建立了革命政权。以后又扩大到江西瑞金县。这样，中国大地上有了一大块革命根据地，革命的形势进入一个高潮。

"由彭德怀领导的红五军和由王佐率领的三十二团守备井冈山，坚持斗争。"

毛主席兴致勃勃，一口气讲了当年井冈山红军的来历与组成的情况，使我对井冈山红军的历史，井冈山革命根据地的历史，中国革命早期革命斗争历史有了新的更深的了解。

五月二十五日（小雨转晴）

今天井冈山下着小雨。雨雾环绕群山，一眼望去，感到景色格外秀丽、迷人、清新和舒适。上午主席休息得很好。中午一时左右，主席派人通知我，说今天下午要见我们，要我通知张平化、刘俊秀同志，下午二时许到主席住处去。

下午二时许，我们三人准时到达主席住处的会客室。主席听到我们到来，满面笑容出来和我们一一打招呼。

毛主席说："这几天你们在井冈山观感如何啊？张平化是酃县人，俊秀是永新人，东兴是赣东北弋阳人。你们到井冈山的机会比我多，情况比我了解。我是三十八年前来过的，现在的井冈山和过去是大不一样了，你们是不是也觉得大不一样了？"

张平化同志说："我虽然是本地区人，但解放后我只来过一次，对井冈山现在的情况也不是很熟悉。"

我说："我在江西工作期间，到井冈山来过两次。"

刘俊秀同志说："我一直在江西工作，到井冈山来的机会比较多。"

毛主席说："这次你们陪我一起来井冈山印象如何呀？"

我们说："这次能陪同毛主席来井冈山参观学习，感到特别高兴，也是我们一生难遇的机会。过去我们读主席写的《中国的红色政权为什么能够存在？》、《井冈山的斗争》、《关于纠正党内的错误思想》、《星星之火，可以燎原》等文章，因为没有实际感受，领会不深。通过这次跟随毛主席来井冈山实地看看，对井冈山的地形、地理位置，建立革命根据地的有利条件，当年井冈山艰苦奋斗的革命精神有了较深入的了解，加深了对党史、革命历史的认识。今天的井冈山变化很大，和过去比是确实大不一样了。"

毛主席听后深情地说:"我离开井冈山已经三十八年①了。这次旧地重游,回忆起三十八年前的这段历史,心情总是非常激动的。为了创建这块革命根据地,不少革命先烈牺牲了自己的生命。我早想回井冈山看看,一别就是三十八年啊!我的心情和你们一样高兴、激动。没有过去井冈山艰难的奋斗,就不可能有今天了。"

毛主席激动不已,继续对我们说:"什么事情都是开头难。一九二七年四月十二日,蒋介石在上海制造反革命事变,宣布反共。五月二十一日,发生'马日事变',反动军阀许克祥在长沙围攻省工会、省农会,捕杀共产党人和革命群众。七月十五日,汪精卫又在武汉发动了反革命事变。中国革命遇到了巨大的挫折。一九二七年八月七日,中共中央在汉口召开紧急会议,在这次会议上我被选为中央政治局候补委员。后来曾经把我的政治局候补委员给撤了。还说什么开除党籍了。井冈山人也火了,不服气,为我打抱不平,要向中央写报告。我劝他们不要写了,撤职就撤职,有啥子要紧?他们真开除了我的党籍,我还是要干共产党的。井冈山人听了我的话,很认真地说:'开除了你的党籍,你就不能当党代表了,但师长总还是可以当得吧。'"

毛主席说到这里笑着对我们说:"你们说井冈山人对我好不好啊?"

毛主席思潮澎湃,继续说:"一九二七年九月份参加湘赣边界秋收起义的队伍有原武昌国民政府警卫团,平江、浏阳的农军和安源的工人武装。在修水合编为中国工农革命军第一师,卢德铭任总指挥,我任中共前敌委员会书记。

"当时秋收起义的目标是攻打长沙。我们分别从修水、铜鼓、安源等地向长沙发起进攻。一团取道长寿街,三团主攻东门市,准备

---

① 毛泽东一九二七年上井冈山,到一九六五年为三十八年。——编者注

在浏阳与北上的二团会合。结果在围攻战中，原来收编的旧白军残部①叛变；加上敌众我寡，我军又没有充分发动群众，攻打长沙的军事行动就告吹了。

"秋收起义的部队于一九二七年十月转战至永新、宁冈两县交界的三湾村。战斗中我观察到这支队伍在战斗中有不听指挥、纪律松懈、不会做群众工作的现象。有的人还有旧军队的不良习气，乱拿群众的东西；有的人有农民意识，爱占小便宜。另外，还有官兵关系不平等、缺乏民主空气等问题。我提议部队在此整编，把原来的四个团改为一个团，实际当时只剩下两个营，七个连，不足千人。对于那些对革命灰心丧气、摇摆不定的旧军官，根据整编原则，愿者留，不愿留者发给路费让其回家。这样，愿意留在革命队伍的都是经过战斗和过惯艰苦生活的、政治上坚定的贫苦出身的工人、农民以及革命军人。人虽然少了，但却精干得多了。"

毛主席喝了一口水，不间断地说："为了加强共产党对部队的领导，首先开始在部队中建立党的各级组织。做到班有党员，连有支部，营、团有党委；在连以上各级都设立党代表，从此这支部队完全处于党的绝对领导之下。

"为了革除旧军队的不良制度和习气，我们提出建立新型的带兵方法。实行政治上官兵平等，进行民主建军，成立了士兵委员会。赋予士兵委员会很高的权力，军官要受士兵委员会的监督，做错了事要受士兵委员会的批评甚至制裁。整编前，官兵生活待遇相差悬殊。整编后，改成官兵完全一致，军官和士兵吃一样的饭菜，穿一样的衣服，很快使官兵的关系密切起来。部队在三湾完成整编后，我开始考虑上井冈山的问题。

---

① 指秋收起义前夕，在湖南收编的流落在鄂南的夏斗寅残部邱国轩团。——编者注

"井冈山位于罗霄山脉中段,与广东、湖北、江西、湖南交界。周围五百里全是峭壁山崖,古木参天。只有五条山洪冲成的小道通向山顶,地势险要,易守难攻。

"井冈山邻近的遂川、宁冈、永新、酃县、茶陵、莲花等县均有党的活动和农民运动,具备一定的政治条件。

"山上有两支地方武装。一支是袁文才领导的农民自卫军。袁的部下有一个曾在广州我举办的农民运动讲习所学习的人。袁文才听说我到了井冈山附近,就派这个人来宁冈古城看我。他和我谈得不错,并表示袁文才欢迎我上山。后来我又派何长工上山与这两支农民武装的领导人取得了联系,并做了大量的工作。袁文才、王佐的态度很热情,都欢迎我上山。

"经过一段时间的工作,上井冈山的时机基本成熟。十月份我向部队宣布了'三大纪律、六项注意'之后开上井冈山。袁文才、王佐的部队夹道欢迎我们。上山后袁文才、王佐同意接受我们改编。他们两支部队编成一个团。这个团人员混杂,经常是在编不听调,不大好管理。但不管怎么说,他们毕竟还是服从了我们党对他们的改编,接受了党的领导,成为井冈山革命队伍的组成部分之一了。"

毛主席沉默了片刻,又讲了起来:"井冈山是座好山,地形条件好,群众基础好。当时我们在井冈山生活条件是相当艰苦的。住的是破草房,吃的是红米饭、南瓜汤,穿的是百家衣。自己有什么穿什么,没有统一的服装。夜里盖的是禾草,脚上穿的是草鞋。有的同志甚至连草鞋都穿不上,打赤脚。上山下山全靠两条腿。所有吃的、用的东西全靠两肩挑。当时除极少数人说点风凉话,闹点情绪外,大多数人是坚定乐观的,战斗力还是蛮强的。当年十一月,我们利用军阀混战的有利时机,攻打茶陵县城。红军官兵斗志昂扬,作战勇敢,不到一小时就攻下县城,建立了井冈山地区第一个工农兵政府。一九二八年一月，我率领部队攻打遂川县城，红军官兵猛打猛冲，一鼓作气攻入城内，取得较大的胜利。当时正值过春节，部队进城后严格遵守纪律，热情宣传群众，并执行'保护工商业利益'等政策，受到群众的拥护和欢迎。

"经过几次大的战斗后，井冈山周围的永新、莲花等县相继建立起党的组织和工农政权，各区、乡纷纷成立起农会、赤卫队、少先队、妇女会等组织。经过半年的艰苦奋斗，数不清的大小战斗，证明共产党领导的部队是拖不垮、打不烂的。几经失败、周折，我们在井冈山站稳了脚跟，扩大了，巩固了井冈山这块革命的根据地。这一段历史，使红军在建立革命根据地的问题上进一步统一了认识。没有井冈山人民的支持，没有井冈山做后方休整地，战斗的胜利就没有保障。所以现在人们说：井冈山革命根据地是中国革命的摇篮。

"今天井冈山各方面比起三十八年前是大不相同了。上山坐汽车，住楼房，吃饭是四菜一汤，穿的是干净、整齐的衣服，真是神气多了。我相信井冈山将来还会变得更好，更神气。但是我劝大家，日子好过了，艰苦奋斗的精神不要丢了，井冈山的革命精神不要丢了。今天我讲了许多过去的故事，你们还可以再去访问一些井冈山的人民群众。老井冈山人都知道过去井冈山斗争是如何艰难困苦的，都知道无数的井冈山人为了中国革命奋斗牺牲的精神。井冈山不愧是革命的山，战斗的山。没有井冈山过去艰苦卓绝的奋斗，就不会有今天革命的胜利。胜利真是用生命换来的呵！"

毛主席一讲就讲了两个多小时，没有人打断他的讲话。我们听着主席滔滔不绝地讲述当年井冈山的斗争生活、战斗情景，很受教育和鼓舞。

主席最后说："我今天说的是一九二七年至一九二八年底井冈山的情况。先后到赣南、闽西地区。在东征福建后，开辟了新的革

1965年5月,毛泽东在井冈山上散步。

命根据地,以后又扩大到江西瑞金一大块红色革命根据地。井冈山由彭德怀领导的红五军和由王佐领导的三十二团在坚持斗争。今天说了不少话,就先说到这里。"

我们仔细听完主席讲井冈山创立和发展的经过,难得听到主席今天讲了这么多话。

五月二十六日（晴）

毛主席起床后,吃过饭,在住地附近散步。一面走在山路上观看对面群山变幻不定的白云,一面向陪同他散步的井冈山管理局的负责同志询问井冈山的建设情况。

毛主席说:"我这次回井冈山来看看,感到井冈山的变化很大。修了公路,通了汽车,解决了上山难的问题。"

井冈山管理局的同志说："现在进出井冈山建了两条公路。一条是由黄洋界到宁冈、永新；一条由拿山、泰和去吉安。还准备再建一条，由井冈山到遂川，这条路正在修建。"

毛主席又问："井冈山现在建有博物馆、纪念碑，还有这样好的宾馆，来客多不多？"

井冈山管理局的同志说："不少。特别是天气热的时候，来井冈山参观的人很多。"

毛主席说："土地革命时期，我们在井冈山建立农村革命根据地，建立起红色政权，点燃了'工农武装割据'的燎原之火。井冈山的斗争，指出了农村包围城市武装夺取政权道路的新方向。当时有人提出井冈山的红旗究竟能打多久的疑问，我们以实践回答了这个问题，坚持了井冈山的革命斗争。井冈山革命斗争的胜利，开辟了中国革命胜利的道路。井冈山革命根据地的建立和斗争的实践，被中国革命的历史证明是正确的。当年方志敏同志在赣东北也创建了革命根据地。他领导的苏区，由于路线、方针对头，广大群众拥护他，赣东北苏区很快扩大成闽浙赣皖苏区，红军队伍也很快壮大起来了。方志敏同志是一位很有理想、很有气魄的革命家。中国革命如果没有这些根据地做后盾，就不可能取得全国的革命胜利。革命成功是多少革命先烈用鲜血和生命换来的。你们应该利用井冈山革命的这些历史，多宣传井冈山的革命传统，让后来的年轻娃娃们了解中国革命的历史。"

我们问主席："当年井冈山的斗争那么艰苦，战斗那么频繁激烈，许多同志英勇献身了，您知道现在还有哪些老同志健在呢？"

毛主席说："从全国来说，当年在井冈山战斗过的人还不少。包括现在在党、政、军领导岗位的领导同志如朱德、罗荣桓、陈毅、何长工、彭德怀、谭震林、陈正人、江华、萧克、曾志、彭儒、贺

1965年,毛泽东行走在井冈山的崎岖小路上。

子珍等。袁文才、王佐不在了,现在在西藏军区工作的张国华同志原是王佐部下的兵,是个很能干的同志。"

提起这些老同志,毛主席心情有些激动。他说:"今天和你们谈及往事,心情激动是当然的。要为中国人民的解放,建立中华人民共和国,没有战斗,没有工作,没有流血,没有牺牲,不去起来推翻反革命政权是不可能的,敌人的几百万军队,是不会自行倒台、自行灭亡的。现在,我们胜利了,要更好地建设社会主义中国,更好地建设社会主义的井冈山。"

主席边谈边走,散步已远离住地,我们考虑主席应该回去休息了,就劝他回来。随后我们送主席回到住处休息,我们也各自回去。

晚上,主席的心情仍不能平静,又找我谈心。

主席说:"这次重上井冈山,往事都想起来了。有些事情还想和你说一说。我们军队里也不那么纯,军队里也有派吆!军队里有要闹事的,历史上也经常有闹事的。不知你们信不信?你们不信我

1965年5月,毛泽东在井冈山极目远望。

信。我们军队几十年经常有人闹乱子,闹就闹吧,闹一下不要紧,闹一下就不闹了吧。最大的闹乱子的是张国焘。四方面军会合时,一方面军有三万人,四方面军有八万人,张国焘说他的人多,队伍要听他的。其实人多人少不是关键问题,要紧的是问题的本质,是你的路线正确不正确。比如一方面军长征到达陕北时只剩下八千子弟兵,可长征正确的路线就应该是先向陕北,再向华北、东北。人少不怕,坚持正确的长征路线,保留了革命的种子,后来建立了陕甘宁根据地,队伍又壮大了。张国焘硬是要往牛角尖里钻,大队伍被打得七零八落,结果他失败了。"

主席稍平静下来继续说:"大大小小的事没有断过,井冈山闹过,闽西闹过,赣东北闹过,中央苏区也闹过。他要闹,你有什么办法。"

五月二十七日（小雨）

今天安排毛主席身边工作人员及专列工作人员第二批参观井冈山。

主席让我第二次给党中央、国务院周总理发电报。报告主席平安无恙，如中央有重要文件可派飞机送往江西南昌樟树机场，然后用汽车送上井冈山。

下午三时，中央派人将文件送到井冈山。我们把文件送到主席处时，我看到主席正在聚精会神地写"重上井冈山"的诗稿。

诗是这样写的：

水调歌头　重上井冈山

一九六五年五月

久有凌云志，

重上井冈山。

千里来寻故地，

旧貌变新颜。

到处莺歌燕舞，

更有潺潺流水，

高路入云端。

过了黄洋界，

险处不须看。

风雷动，

旌旗奋，

是人寰。

三十八年过去，

弹指一挥间。

> 可上九天揽月，
>
> 可下五洋捉鳖，
>
> 谈笑凯歌还。
>
> 世上无难事，
>
> 只要肯登攀。

五月二十八日（阴）

上午毛主席散步后，回到住所看中央送来的文件，其中有关于苏联赫鲁晓夫下台后的情况简报。

下午三时，毛主席找我商量安排接见井冈山革命老同志，井冈山上的负责同志，宾馆的服务、警卫、医务人员，工厂的工人、山区的农民，还有湖南来的送主席上井冈山的同志等。

毛主席对我说："这些同志辛苦了，我乐意见见他们，和他们合影留念。过去井冈山的许多人民群众为了红军的生存，受尽苦难，流了不少血和汗，给了我们很大支持和帮助，我和他们同甘共苦过。张平化同志代表湖南送我上山，刘俊秀同志代表江西欢迎我上井冈山，你陪同我上井冈山，你们应该和我一起参加会见井冈山的主人们。这件事由你安排他们分批进行。"

我接受任务后去作安排。

五月二十九日（晴）

主席起床散步后，同张平化、刘俊秀和我一起谈话。

毛主席对我们说："井冈山是座好山，风光好，空气新鲜，是休息、健身的好地方。我们已住了一个星期，该走了。"

张平化、刘俊秀同志说："能有这次难得的机会陪同主席重上井冈山，心里非常高兴。现在井冈山的人民迫不及待要见主席。"

1965年5月29日,毛泽东在井冈山宾馆接见烈士遗孀、老赤卫队员等。

主席说:"我们难得上山一次,一定要见他们。昨天我让东兴同志安排了,不知安排得怎么样了?"

我回答说:"就照您的安排办。下午见面,见完就走,不要他们送了。"

下午四时,接见开始。井冈山上人群鼎沸,欢声雷动,群情激奋。到处都有人高喊着:"毛主席!毛主席来了!"热烈的场面感人至深。

由于准备工作充分,井冈山人很守秩序地和毛主席见面。见面和照相进行得很顺利。毛主席频频向人群招手致意,然后在欢呼声中登上汽车,开始下山之途。一路上井冈山的人民自动形成夹道欢送,依依不舍地送主席离去。

毛主席一行经拿山、泰和县直达吉安地委招待所。由于主席这一天比较劳累,吃过饭后即休息。

这一夜主席休息得还好。

1965年5月29日,毛泽东在井冈山沿途受到群众的热烈欢迎。

五月三十日（晴）

毛主席起床后吃了午饭，问我下面如何安排？

我说："一早吉安地委的同志要我转达他们要见主席的愿望，我答应报告你后再定。"

主席说："那就见吧，照照相。"

我安排了吉安地委的常委、吉安市委的负责同志和毛主席一一握手，合影。

然后主席一行乘汽车，经峡江口、分宜到达樟树机场的火车停车处。

主席上火车前，和张平化、刘俊秀等同志亲切话别。我们和主席一道在樟树机场旁的专列上宿营一夜。

后 记

《汪东兴日记》与读者见面了。

由于自己的水平有限,特别是一九四九年以前我处于战争环境,条件艰苦,有个别事情记录得不够完整;随着历史变迁,本书中有个别地名与现在有出入;有一些看法是从我个人的角度出发的,对此可能会有不同的看法和想法。我衷心希望读者对《汪东兴日记》提出宝贵建议。

本书在整理过程中,得到汪小燕同志的大力协助,对她的工作我表示满意和感谢。

汪东兴
一九九三年六月

再版后记

《汪东兴日记》在读者的提议下再版了。

我们仔细研究了读者和审读者的意见，对照片及文中个别错字等进行了修改。为了尊重历史的真实和日记的本来面目，这次再版没有对内容进行增加和修改。

在这本书的再版过程中，当代中国出版社和中共中央党史研究室的同志们付出了辛勤工作，汪延群和汪小燕同志给予我很大帮助，我在这里一并表示感谢。

本次再版增加了一些历史照片，谨向照片的摄影者表示由衷的感谢。

我衷心希望广大读者对本书提出宝贵意见。

汪东兴

二〇一〇年四月